Pan und Apoll
Alfred Adlers Individualpsychologie –
erste Überwindung Sigmund Freuds

Pan und Apoll

Alfred Adlers Individualpsychologie – erste Überwindung Sigmund Freuds

Franz Kreuzer
im Gespräch mit Alexandra Adler,
Manès Sperber und Walter Toman

ORF

Franz Deuticke Verlagsgesellschaft m. b. H., Wien

Wien 1984

Satz: Garmond Helvetica leicht und normal
Papier: hf. Werkdruck, 120 g
Fotosatz und Druck: R. Spies & Co., 1050 Wien
ISBN 3-7005-**4497**-9

Inhalt

Gespräch mit Alexandra Adler

Kreuzer: Frau Professor Adler, Sie sind die befugteste Sachverständige, wenn es um die Situation der Psychoanalyse und der Psychotherapie im heutigen Amerika geht. Bald wird es ein Jahrhundert sein, daß diese Gedankenwelt in Wien ihren Ursprung gefunden hat. Sie hat inzwischen die Welt umfaßt und insbesondere in Amerika ungeheuren Eindruck gemacht. Wie ist die Situation heute? Ist in Amerika nun definitiv erwiesen, daß Karl Kraus unrecht gehabt hat, als er sagte, die Psychoanalyse und die verschiedenen Schulen der Psychoanalyse seien *die Krankheit, als deren Heilung sie sich ausgeben?*

Adler: **Wir müssen Unterschiede machen zwischen den verschiedenen Schulen. Der Einfluß der Psychoanalyse geht zurück, während der Einfluß der anderen Schulen im Wachsen ist. Die Adlersche Psychologie bringt immer neue Gruppen hervor; in Europa, vor allem in Deutschland, aber auch in Amerika.**

Kreuzer: Frau Professor, im Streit der verschiedenen Schulen der Psychoanalyse sind Sie natürlich Partei, haben Partei zu sein und haben ein gutes Recht darauf, Partei zu sein. Unter diesem Aspekt halte ich Ihre Beurteilung fest: Sie meinen, daß die Freudsche Psychoanalyse, obwohl sie ein großes literarisches Weltecho hat, in bezug auf ihren therapeutischen Erfolg beschränkt und eher schrumpfend ist, während die Adlersche Individualpsychologie lebendig, entwicklungsfähig ist und sich als solche auch voll bewährt hat.

Adler: **Das ist richtig. Wir brauchen von der Lehre Alfred Adlers keine Abstriche machen.**

Kreuzer: Und was ist mit der Jungschen Richtung? Ist sie überhaupt zu bemerken in der Therapie?

Adler: **Es gibt einige Jungianer, aber ich glaube, daß sich der Einfluß dieser Gruppierung nicht vergrößert.**

Kreuzer: Es gibt gewisse Tendenzen, ich möchte nicht sagen zur Angleichung, aber doch zur Annäherung der Praxis der verschiedenen Schulen der Psychotherapie. Ist das auch in Amerika festzustellen?

Adler: **Es gibt einige gemeinsame Grundsätze aller psychotherapeutischen Richtungen, etwa, daß Symptome aus einer unbewußten Situation entstehen. Das ist auch von Alfred Adler angenommen worden. Adler hat aber betont, daß nicht alle Symptome auf sexuelle Probleme zurückzuführen sind, da er die Sexualität nur als einen der großen Problembereiche ansieht.**

In hundert Jahren eine vereinigte Psychotherapie

Kreuzer: Das bedeutet für die heutige Praxis: Man kann einen Mix der Theorien und der Behandlungsmethoden machen, man kann alternativ oder kombiniert vorgehen. Man kann einen Problemfall unter freudianischen, adlerianischen, jungschen Gesichtspunkten sehen – neuerdings ist hier wohl auch Frankl von Bedeutung: Hervorhebung des Sinnproblems als zentrale Frage der Psychotherapie.

Adler: **Ich glaube, man kann von jedem etwas nehmen, denn jeder von denen hat doch die Menschheit studiert, und irgend etwas ist akzeptierbar. Auch in unserer Klinik, im Adler-Institut, gibt es einige, die von anderen Seiten kommen, aber es gibt immer gemeinsame Grundzüge. Vielleicht wird es in hundert, vielleicht schon in fünfzig Jahren eine vereinigte Psychotherapie geben.**

Kreuzer: Sie sehen also konvergierende Tendenzen.

Adler: **Ja, ganz gewiß.**

Kreuzer: Wie sieht das nun in der Praxis aus? Was geschieht, wenn man zu Ihnen in Behandlung kommt? Gibt es da eine Couch, oder spricht man an einem Schreibtisch mit dem Therapeuten? Ähnelt die Situation der in den verschiedenen Witzen über Psychoanalyse?

Adler: **Wir legen einen Patienten niemals auf die Couch. Die Couch kennzeichnet eine passive Auffassung der Therapie.**

Kreuzer: Das ist also klassisch für die Adlersche Methode: keine Couch – zum Unterschied von Freud.

Adler: **Zum Unterschied von Freud, ja. Freud will den Patienten passiv. Wir wollen ihn nicht passiv. Wir setzen ihn uns gegenüber und ermutigen ihn zu sagen, was er meint. Manchmal kommen Patienten zu uns, die vorher bei anderen Psychoanalytikern waren. Einer erzählt zum Beispiel: Ich habe meinen Psychoanalytiker gefragt, ob ich auch am Feiertag zu ihm kommen soll, aber der Psychotherapeut hat nicht einmal geantwortet.**

Das Unbewußte ist das, was man nicht verstehen will

Kreuzer: Das heißt, das Gespräch, das aufschließende Gespräch, ist die Hauptmethode der Behandlung ...

Adler: **Ja, unsere Behandlung ist aktiv.**

Kreuzer: Die Adlersche Methode stellt also das helle Bewußtsein, das menschliche Denken, die menschliche Vernunft in höherem Maße in den Dienst der Heilung, als dies bei der Psychoanalyse der Fall ist.

Adler: **Ja, das ist richtig. Wir ermutigen den Patienten, seine eigene Denkweise auszubilden.**

Kreuzer: Während bei Freud also die Grundannahme vorliegt, daß der Mensch eindimensional angelegt ist, daß das Verdrängte, Unbewußte in einem einfachen Gegensatz zum Bewußtsein stehen, sieht das die Individualpsychologie Adlers komplexer. Wenn man die griechische Mythologie als Beispiel heranzieht: Es geht nicht um die „dionysische“ Problemdimension „Trieb gegen Geist“, sondern um eine „apollinische“. Die Probleme bestehen innerhalb der geistigen Sphäre: der Verstand, die Sprache werden in höherem Maße zur Analyse herangezogen.

Adler: **Sie haben ganz recht, das ist es wirklich. Die Adlerianer setzen das Unbewußte nicht in Gegensatz zum Bewußten, im Gegenteil, sie gehen davon aus, daß das Unbewußte vom Zielbewußtsein des Patienten beeinflußt ist, im Unbewußten also hauptsächlich das ist, was er *nicht verstehen will.* Wir besprechen das Unbewußte, aber wir setzen es nicht in Gegensatz zum Bewußtsein, denn Adler geht es um die Ganzheit der Person.**

Kreuzer: Also: Heilung heißt bei Freud, das „zensurierte" Bewußte möglichst weitgehend auszuschalten, um in die Tiefe des „unzensurierten" Unbewußten vorzustoßen, während Adler die Heilung durch Einsicht mittels des Verstandes herbeizuführen sucht.

Adler: **Die Probleme sind nicht durch sexuelle Traumata ins Unterbewußtsein verschoben. Man kann über sie reden.**

Kreuzer: Adler schließt sexuelle Motive in dieser Problematik zwar nicht aus, aber er anerkennt sie nicht als die einzigen und vorherrschenden. Er sieht den Menschen mehrdimensional.

Adler: **Mehrdimensional, ja. Sexualität ist nur eine der drei großen Kategorien menschlichen Seelenlebens, und sie ist beeinflußt *vom ganzen Menschen.***

Kreuzer: In diesem Sinn geht Adler also – das ist auch biographisch begründet, weil er jünger als Freud ist – über Freud hinaus. Er schließt die Gedanken Freuds eigentlich in sein System ein.

Adler: **Er schließt sie ein und erweitert das System.**

Kreuzer: Hart gesagt: Sigmund Freud sieht den Menschen in einer Dimension, Adler will ihn in mehreren, wenn möglich in allen Dimensionen sehen.

Adler: **Ja, richtig: in allen Dimensionen.**

Freuds Lehre – Spiegelbild des Wiener Bürgertums um 1900

Kreuzer: Kulturgeschichtlich und wissenschaftsgeschichtlich heißt das, daß sich die Psychoanalyse Freuds auf eine ganz bestimmte kulturhistorische Situation bezieht, nämlich die des Wiener Großbürgertums um die Jahrhundertwende.

Adler: **... in dem die Sexualität verdrängt war.**

Kreuzer: ... wodurch die Unterdrückung wiederum als besonders wichtig erschien.

Adler: **Ja, das glaube ich schon. Adler hat das nicht so sehr betont, aber heute sehen wir die Entwicklung deutlich:**

Sexualität ist heute nicht unterdrückt – zum Unterschied von Sigmund Freuds Zeit.

Kreuzer: Es gibt somit aus der Sicht der Adlerschen Lehre Verständnis für die Freudsche Lehre, die das Problem unter dem Druck der damaligen kulturgeschichtlichen Gegebenheiten eingeengt hat.

Adler: **Ja, richtig, so kann man es sehen.**

Die Unterdrückung und die Verwöhnung

Kreuzer: Nach Lektüre insbesondere der letzten Bücher Alfred Adlers fällt mir auf, daß er in zunehmendem Maße betont, welche Rolle neben der Repression, der Unterdrückung, die Permissivität, die Verwöhnung, beim Entstehen seelischer Störungen spielt. Auch das dürfte ein Bezug zur Freudschen Zeit sein: die Freudsche Lehre als typische Symptomlehre einer verwöhnten Generation.

Adler: **Ja, das hat Adler immer betont: Nur ein verwöhntes Kind hat solche Reaktionen, wie Freud sie beschrieben hat. Darum ist die Wirklichkeit komplizierter, denn nicht alle sind verwöhnt.**

Kreuzer: Einfach gesagt: Die Lehre Freuds ist einigermaßen richtig einerseits für sexuell Unterdrückte, andererseits für verwöhnte Kinder aus Wiener Bürgerhäusern der Jahrhundertwende.

Adler: **Richtig. Sie ist ein Zeitbild.**

Kreuzer: Insofern hat Freud „recht“ gehabt. Er hat eine verengte Welt gesehen und hat für sie eine richtige und äußerst reizvolle und phantasieanregende Lehre entwickelt. Adler sieht ein breiteres menschliches Spektrum.

Adler: **Das hat wohl auch damit zu tun, daß Alfred Adler in Volksheimen unterrichtet und viele Patienten aus verschiedenen Bevölkerungsschichten behandelt hat.**

„Der Sinn des Lebens“ – Gen und Entscheidungskraft

Kreuzer: Ich glaube, ich behaupte biographisch nichts Falsches, wenn ich sage, daß das Buch *Der Sinn des Lebens* –

übrigens 1933 veröffentlicht, also genau vor fünfzig Jahren — eines der letzten, von der Bedeutung her das letzte große Buch Ihres Vaters war. Dabei ist interessant, daß der Titel *Der Sinn des Lebens* die umfassende Bedeutung seiner Lehre andeutet, und ich glaube, er sucht und findet Sinn auf zwei Ebenen. Da ist einmal Basissinn, offensichtlich durch das Genetische, Angeborene, bestimmt, somit auch durch das, was der ganzen Menschheit gemeinsam ist. Den eigentlichen Sinn des Lebens dann wählt sich der Mensch als sehr kleines Kind, und zwar auf Grund des Erlebnisses von Minderwertigkeiten, Fehlern, Mängeln, *durch deren Überwindung.* Das Entscheidungsziel des sehr jungen Menschen ist es, mit den als Mängel empfundenen Lebensumständen fertig zu werden, sie zu überwinden.

Adler: **Jedes Kind hat genetische Voraussetzungen. Sie sind noch nicht zielgerichtet. Von einem Zweijährigen können Sie noch nicht sagen, in welcher Richtung er sich entscheiden wird. Diese Entscheidung ist dann das Wichtige.**

Jedes Kind ist klein und schwach

Kreuzer: Zu der Zeit, als Alfred Adler das schrieb, war das noch keineswegs selbstverständlich. Zu der Zeit hat etwa Konrad Lorenz erst an den Anfängen seiner Lehre gearbeitet, in der dann ganz klar zum Ausdruck gekommen ist, wieviel angeboren ist, wieviel wir an Lebenssinn und an Programmen für das Leben mitbekommen. Das alles hat Alfred Adler bereits 1933 vorweggenommen.

Adler: **Ich bin überzeugt, daß er an Genetik interessiert war, aber er hat wenig darüber gearbeitet. Er hat betont, daß das Zielbewußtsein, das sich erst später entwickelt, mit den genetischen Voraussetzungen fertig werden muß, daß es sie irgendwie verwertet. Die Gene bestimmen das Rohmaterial, mit dem der Mensch dann arbeitet. Bedeutsam sind dabei die Handikaps, die sich aus der genetischen Ausstattung ergeben: Der Mensch entwickelt entweder eine Überkompensation, oder er bricht unter der Problematik zusammen.**

Kreuzer: Nach Lektüre dieses letzten Buches Ihres Vaters erscheint mir die Bedeutung seiner Lehre umfassender, als es die groben Vereinfachungen wahrhaben wollen. Man geht meist davon aus, Alfred Adler betrachte den Menschen in seiner Kindheit in gewisser Weise als Krüppel, der dann mit seiner Krüppelhaftigkeit überkompensatorisch fertig wird. Die These, die ich in *Sinn des Lebens* lese, ist viel allgemeiner: Es ist die menschliche Natur, die Mängel in den Voraussetzungen des Lebens geradezu zu suchen und sich an ihnen höherzuentwickeln — Überwindung gewissermaßen als Grundprinzip der menschlichen Entwicklung. Man muß nicht unbedingt ein „Krüppel" sein, um „überzukompensieren". Der Mensch *sucht* geradezu die Hindernisse, die Schwierigkeiten in seinem kindlichen Leben, *um sich an ihnen zu entwickeln.*

Adler: **Das ist Alfred Adlers Betonung. Er hat immer gesagt: Alles kann auch anders sein. Man kann mit einem Hindernis geboren sein, kann es aber überwinden, kann dadurch stark werden — die Kindheit selbst gibt genügend Anreiz zur „Überkompensation".**

Kreuzer: Wenn man Alfred Adler liest, fragt man sich: Was tut man eigentlich, wenn man vollkommen auf die Welt kommt, wenn man keinerlei Mängel hat?

Adler: **Jedes Kind, auch wenn es vollkommen in Ordnung ist, spürt, daß es schwach ist, daß es klein ist, daß es nicht das macht, was die anderen tun. Es lernt die Sprache dadurch, daß es nachmacht, was ein anderer ihm vormacht; zuerst lernt es schlecht, dann besser. Es lernt, daß es lernen muß. Ich kann mich erinnern, daß mein Vater mir gesagt hat, daß mein „S" gelispelt ist und daß ich die Zunge zurückhalten muß. Das habe ich dann auch versucht. Nach ein paar Tagen hat mein Vater gesagt: Das ist jetzt schon recht gut ...**

Kreuzer: In diesem Sinn haben Sie also als Adler-Kind Glück gehabt, daß Sie ein wenig gelispelt haben. Demosthenes-Situation: Stein unter der Zunge, so lange in die Brandung schreien, bis man es überwunden hat — eine typische Adlersche Situation. Man könnte also glauben, daß ein Kind, das nicht lispelt, das also vollkommen ist, ein Entwicklungsproblem hat. Sie meinen nun: Auch dieses Kind ist klein, ist ein Kind, spürt jedenfalls Widerstände und entwickelt sich durch Überwindung dieser Widerstände.

Adler: **Die Persönlichkeit bildet sich jedenfalls im Widerspruch: Da kommen die Erwachsenen und sagen, das und das darfst du nicht tun. Manchmal glaubt das Kind, das ist nicht richtig, fängt zu schreien an und tut das Verbotene doch, wenn die Eltern nicht da sind. Es versucht zum Beispiel, irgendwo hinaufzuklettern, wenn die Eltern gesagt haben, du darfst da nicht hinaufsteigen. Das Kind macht sich sein Gesetz selber: Ich tu das, obwohl man mich nicht läßt.**

Auf der Suche nach einer besseren Welt

Kreuzer: Mir fällt auf – das kann einem allerdings erst aus den achtziger Jahren unseres Jahrhunderts zurückblickend auffallen –, eine wie hohe Koinzidenz zwischen der Lehre Alfred Adlers 1933 und wesentlichen Gedanken unserer Zeit bestehen: So hat etwa Karl Popper im Gespräch mit Konrad Lorenz vor kurzem anläßlich des achtzigsten Geburtstages der beiden alten Herren seine Lehre in einem einzigen Satz formuliert: Leben ist die Suche nach einer besseren Welt – und zwar in allen Stufen der Evolution, der Phylogenese wie der Ontogenese. Jedes Wesen ist immer *auf der Suche nach einer besseren Welt,* das heißt, es strebt von der schlechteren Welt weg. Das ist exakt der Kernsatz Alfred Adlers aus dem Jahr 1933.

Adler: **Absolut richtig. Die Entwicklung geht von einer Position der Minderwertigkeit zur Vervollkommnung. Wenn wir das Karl Popper erklären, wird er es annehmen müssen ...**

Kreuzer: ... obwohl er aus wissenschaftstheoretischen Gründen die Psychoanalyse und ihre Nachfolgeschulen ablehnt.

Adler: **Ich glaube, daß er hauptsächlich die freudianische Richtung ablehnt. Ich glaube nicht, daß er Adler sehr studiert hat.**

Kreuzer: Er lehnt alle Wissenschaftssysteme ab, die sich der Widerlegung entziehen. Aber das ändert nichts an der großen gedanklichen Übereinstimmung: Das Leben ist auf der Suche nach einer besseren Welt, das Leben will die gegenwärtige mangelhafte Welt, will ihre Mängel überwinden. Das Grundgesetz des Lebens ist demnach Überwindung. Wörtlich zitiert, Alfred Adler 1933: *Das Grundgesetz des Lebens ist Überwindung.*

Adler: **Sie sollten das Karl Popper zeigen. Ich kenne ihn übrigens recht gut: In unserer Jugend waren wir gemeinsam Bergsteigen. Ich erinnere mich, daß wir in einer Seilschaft aufgestiegen sind ...**

Kreuzer: Wenn man nun von dieser Grundthese ausgeht, das Grundgesetz des Lebens sei Überwindung, so steckt darin auch eine volle Anerkennung, Einbindung und Weiterführung der Darwinschen Theorie. Wie mir scheint, ist hier vielleicht überhaupt der Hauptunterschied zur Freudschen Lehre zu suchen, die mit Darwin nichts zu tun hat. Alfred Adler bindet ja absichtlich den Darwinismus, die Darwinsche Lehre, voll ein, sowohl im phylogenetischen als auch im ontogenetischen Sinn.

Adler: **Darwin würde allerdings sagen, es wäre der Vollkommene, der überleben wird. Während Alfred Adler sagt, der Unvollkommene hat manchmal eine bessere Chance als der Vollkommene.**

Kreuzer: Weil er den Anreiz zur Erfindung, zur Innovation, zur Kreativität hat, weil er noch mehr motiviert ist, sich eine bessere Welt zu schaffen. Er findet eine schlechtere vor und muß sich deshalb eine bessere schaffen. Dieser Evolutionsgedanke ist von Alfred Adler voll in seine Lehre eingebunden.

Adler: **Adler hat immer wieder betont, daß die größten Leistungen erst zustande kommen, wenn einer Schwierigkeiten hat. Das geht über Darwin hinaus.**

Eros und Thanatos

Kreuzer: Vielleicht noch zu einem wichtigen Aspekt, der Freud betrifft. Wenn man die Adlersche Lehre als eine sieht, die das Leben im Streben vom Unvollkommenen zum Vollkommenen versteht, dann ist sie im Kern optimistisch, evolutionssichtig, der Entwicklung zugewandt. Das Übel ist eigentlich kein Übel, sondern es ist die Voraussetzung, der Anstoß für die Entwicklung.

Adler: **Manchmal, nicht immer. Im Prinzip ja.**

Kreuzer: Eigentlich ist es bei Freud umgekehrt, daher diese Betonung des „Todestriebes". Den „Todestrieb" lehnt Adler ja vollkommen ab.

Adler: **Ja – so wie er alle Triebe als Trieb ablehnt, sie nur im Zusammenhang mit der ganzen Persönlichkeit gelten läßt, was Freud nicht tut.**

Kreuzer: Der Todestrieb ist ja im besonderen der Adlerschen Auffassung von der Welt zuwider, denn das Leben sucht, nach Adler, nicht die schlechtere Welt, das eigene Ende, sondern es versucht, die Hindernisse kreativ zu überwinden. Wenn man noch einmal die griechische Mythologie heranziehen will, so ist das Verhältnis von Eros und Thanatos, von Liebe und Tod, von Lebenswille und Todessehnsucht, bei Freud und Adler gegensätzlich verstanden. Bei Freud unterliegt Eros Thanatos, während bei Adler der Lebenswille, der Eros, jedes Hindernis, auch das des Todes, des Thanatos, zumindest für seine Gattung zu überwinden hat.

Adler: **Jedes Hindernis wird bekämpft und soll überwunden werden. Wir sollten nicht vergessen, daß alle Triebe in der Freudschen Lehre eben auf Sexualität begründet sind – in der Analyse ist kein Ende, bevor nicht alles auf kindliche Sexualität zurückgeführt ist. In Alfred Adlers Theorie und Praxis ist dies nicht so: Der Mensch hört nicht auf, zu reagieren, zu kompensieren.**

Hatte der größte aller Tänzer einen Minderwertigkeitskomplex?

Kreuzer: Das ganze Thema sollten wir vielleicht noch an einem spektakulären Fall exemplifizieren – er ist vor kurzem auch durch die Presse gegangen. Alfred Adler hat in den dreißiger Jahren ein Gutachten und in der Folge dann ein Vorwort zu einer Veröffentlichung über die Schizophrenie des größten aller Tänzer, Waslaw Nijinski, verfaßt. Adlers Theorie war, daß hier ein klassischer Fall der Überkompensation eines Minderwertigkeitsgefühls vorlag, was übrigens der Frau Nijinskis nicht gefallen hat.

Adler: **Alfred Adler hat nicht gesagt, wir können die Schizophrenie erklären. Er hat bei Nijinski aber Minderwertig-**

keitsgefühle in der Kindheit entdeckt, die dieser überzukompensieren versucht hat.

Kreuzer: Was die Minderwertigkeit anlangt, gibt es keine klaren Informationen. Ich glaube, Ihr Vater ist von der Vermutung oder von Informationen ausgegangen, daß Nijinski in seiner Kindheit mit der Persönlichkeitsfindung Schwierigkeiten hatte.

Adler: **Alfred Adler glaubte nicht, daß es da einfache Erklärungen gibt, denn die verschiedenen Schwierigkeiten finden sich bei so vielen Menschen, die keine Schizophrenie entwickeln. Die Schizophrenie Nijinskis ist schwer zu erklären, und Alfred Adler hat sie nicht einfach damit erklärt.**

Sich eine Meinung über sich selber bilden

Kreuzer: Der Fall Nijinski ist dennoch als ein Schulfall für das Modell Minderwertigkeit–Überkompensation in die Literatur eingegangen. Für die allgemein menschliche Bedeutung wichtiger erscheint mir aber die These, daß es zwar immer um die Überwindung von Schwierigkeiten zugunsten einer Höherentwicklung, einer Überwindung geht, daß aber das Wesentliche daran ist, daß der Mensch in sehr früher Kindheit auf der Basis des Ererbten seinen eigenen Lebenssinn findet und erfindet, indem er, wie Adler sagt, *sich eine Meinung über sich bildet.*

Adler: **Alfred Adler hat das immer wieder betont, wenn er gesagt hat: *Alles kann auch anders sein.* Wie ein Kind reagiert, hängt von vielen Umständen ab, aber diese Entscheidung, diese Meinungsbildung über sich selbst, ist das Ausschlaggebende.**

Kreuzer: Diese Meinung ist natürlich ein Vorurteil, kann nur ein Vorurteil sein, eine Theorie, eine Hypothese. Sie wird erprobt, wird widerlegt, aber die Person wird offenkundig in diesem Akt, entsteht durch diesen Akt. Das Ich, das eigentliche Ich, sagt: Ich will so sein und nicht anders, ich verstehe mich so. So wird der Mensch zum Menschen.

Adler: **Ja. Bei manchen ist das eine bewußte Zielsetzung, bei manchen ist es ein unbewußter Akt, und man muß dann**

in der Therapie erklären, was eigentlich die verschiedenen Handlungen und die Symptome im Zusammenhang mit der Persönlichkeit bedeuten.

Kreuzer: Ist das – wir kommen nun an den Anfang zurück –, ist das der Grund, warum die Therapie nach Adler so ganz anders erfolgt als die nach Freud? Die Adlersche Therapie will nicht in die dunklen Tiefen des Unbewußten hinuntersteigen, sie will eben diesen Entscheidungsvorgang ins Bewußtsein rufen: Du hast dich als Kind für etwas entschieden, was du bist, für deine Persönlichkeit, für deine Lebensziele, für deinen Lebenssinn. Damit hast du Probleme, und mit denen mußt du fertig werden.

Adler: **So kommt es etwa, daß ein Kind, das sehr vernachlässigt ist, kriminelle Motive entwickelt. Das Kind hat das Gefühl, es bekommt nichts, außer wenn es kämpft und den andern etwas wegnimmt.**

An gebrochenem Herzen gestorben

Kreuzer: Von diesen Bezugnahmen auf das letzte Werk Ihres Vaters vielleicht noch eine Bezugnahme auf seinen viel zu frühen Tod im Jahre 1937. Alfred Adler war noch vor der Familie relativ früh nach Amerika gekommen, zu einer Zeit, als es politisch noch nicht notwendig war. Die Familie ist später nachgekommen. Eine Tochter, Ihre ältere Schwester, ist damals leider nach Rußland gegangen.

Adler: **Ja, mit ihrem Mann, als die Nazis kamen, 1933. Sie lebte vorher in Berlin, als Wirtschaftswissenschaftlerin.**

Kreuzer: Und ihr schien damals – vermutlich war sie links motiviert –, daß Moskau die richtige Fluchtrichtung sei.

Adler: **Damals, als die Nazis kamen, sind sehr viele Deutsche und Österreicher nach Rußland ausgewandert. Zu der Zeit war Stalin noch nicht so eine furchtbare Erscheinung.**

Kreuzer: Also das, was Arthur Koestler in seiner *Sonnenfinsternis* schildert: diese entsetzliche Enttäuschung während der Säuberungszeit. Ihre Schwester ist mit diesen Unglücklichen unter die Räder gekommen.

Adler: **Meine Schwester ist nach fünf Jahren in Nordsibirien in einem Konzentrationslager gestorben. Wir hätten es nicht erfahren, wenn nicht Einstein, der ein Freund meines Vaters war, bei der russischen Gesandtschaft in Washington interveniert hätte.**

Kreuzer: Und das hat mit dem Tod Ihres Vaters zu tun gehabt?

Adler: **Ich hatte immer den Eindruck gehabt, daß er das nicht überstehen kann. Er ertrug nicht, daß er nicht helfen konnte. Er hat im Jahr 1937 von der Verhaftung meiner Schwester erfahren, dann war alles abgeschnitten. Wir hatten keinerlei Möglichkeiten, mit ihr in Verbindung zu treten. Er ist wenige Monate später während einer Europareise an einem Herzstillstand plötzlich zugrunde gegangen.**

Kreuzer: Er hat ein schwaches Herz gehabt, aber vorher keine erkennbare Erkrankung.

Adler: **Er hatte Herzschwierigkeiten gehabt, aber der Tod kam plötzlich.**

Kreuzer: Man kann also jenseits aller Psychologie und Psychiatrie sagen, daß Alfred Adler an *gebrochenem Herzen* gestorben ist.

Adler: **Das ist richtig. Als ich mich in New York von ihm verabschiedete und sah, wie gebrochen er war, habe ich gesagt: Vielleicht werden wir uns alle in London treffen. Und er hat ganz traurig gesagt: „Ich wollt', es wär' schon soweit." Das ist das letzte, was ich von ihm gehört habe.**

Kreuzer: Ich danke Ihnen, Frau Professor.

Gespräch mit Manès Sperber

Kreuzer: Herr Sperber, dies ist ein Gespräch in einer Reihe von Gesprächen, die die historische und geistige Situation um die Jahrhundertwende aufhellen und mit unserer Gegenwart in Beziehung setzen sollen. Zwei Elemente sind es, die immer wieder in Erscheinung treten: die Endsituation der österreichisch-ungarischen Monarchie mit ihrem liberalen, wenn man will, andererseits morbiden politischen Klima; und im geistigen Bereich die besondere Rolle des Judentums in Wien, insbesondere des jüdischen Großbürgertums. Man bekommt hier die verschiedensten Definitionen. Eine der interessantesten habe ich vor kurzem von Friedrich von Hayek bekommen. Er sagt, es hätte damals im Wiener geistigen Leben, für ihn erkennbar, drei Bereiche gegeben: einen christlich-deutschnationalen, einen zweiten christlich-deutschen und einen jüdischen. Die beiden letzteren hätten sich recht gut vertragen ...

Sperber: **Im Liberalismus.**

Kreuzer: Hayek und Wittgenstein waren beinahe verwandt oder ein wenig verwandt: Die christlichen Hayeks waren nur weniger wohlhabend als die jüdischen Wittgensteins. Nun aber zum dritten Kreis, der, laut Hayek, klar abgegrenzt war. Zu dem gehört der ganze Einzugsbereich der Psychoanalyse: Freud, Adler und Angrenzende. *Sie* stellen in Ihren Analysen eine ähnliche Erwägung an: Für Sie ist diese besondere Konstellation auch für die Entwicklung der Psychoanalyse und der Individualpsychologie entscheidend.

Jüdische Wissenschaft – österreichische Wissenschaft

Sperber: **Ich glaube, daß hier eine Bemerkung vorangeschickt werden muß, die das „Österreichische" überhaupt betrifft. Es ist seltsam, daß man das im Österreichischen Fernsehen sagen muß, aber die Österreicher von heute sind nicht die alten Österreicher. Und wir sprechen** über alte Österreicher. Österreich war kein nationaler Staat, sondern ein *Nationalitätenstaat,* das heißt, die Bevölkerung setzte sich im wesentlichen aus Völkern zusammen, die sich als Nationalität ansehen durften, aber nicht als Staatsnation. Die österreichische Identität war nicht wie überall sonst seit der Französischen Revolution eine Nationalidentität, sondern eine staatliche oder, wenn man will, eine dynastische Identität. Man war Untertan des Kaisers oder des Königs. Bis zu einem gewissen Grad hatten die Deutsch-Österreicher, die Polen oder die irredentistischen Italiener eine besondere Nationalität. Indes gab es eine Gruppe, die keine andere Nationalität hatte als die österreichische: nämlich die Juden. Es gibt da einen vielsagenden Autor, der Gott sei Dank jetzt schon wieder sehr bekannt und gelesen ist, das ist Joseph Roth. Sie wissen: Das Besondere an Joseph Roth ist, daß er seine eigene Biographie ununterbrochen verfälscht hat, und immer war die Verfälschung bestimmt durch den Willen, eine andere Identität zu finden als die, die er hatte. Er begann damit, daß er behauptete, sein Vater sei irgendein streunender Soldat gewesen, während in Wirklichkeit alles völlig klar, normal und trivial war. Es steckt also die *Suche nach der Identität* hinter den psychologischen Erkenntnisbemühungen. Aus diesem Zusammenhang ersehen Sie, warum ich die „jüdische Wissenschaft" als „österreichische Wissenschaft" bezeichnet habe.

Analyse = Zersetzung

Kreuzer: Sie fügen hinzu, daß beide, sowohl die „jüdische" als auch die „österreichische" Wissenschaft, Tendenzen zur *Zersetzung* enthalten – Zersetzung: Wortsinn von *Analyse.*

Sperber: Ganz sicher. Das Zersetzungsthema ist sehr wichtig – in diesem kurzen Gespräch könnten wir es nicht bewältigen. Ich meine, man versteht es am besten, wenn man davon ausgeht: Für die *deutende Psychologie* ist der Mensch in seiner Ausdrucks- und Erscheinungsform nicht alles. Ebenso ist das, was ihm in seinem Tun und Streben bewußt ist, nicht all sein Sein und Streben. Adler selbst zeigte, was von den meisten noch verkannt wird, die seltsame, ich will fast sagen obszöne Beziehung zwischen Sein und Schein. Er zeigte, daß diese Beziehung viel wichtiger ist als, sagen wir, die obszöne Traumbeziehung zwischen Mutter und Sohn oder dergleichen. Das heißt also: Man zersetzt etwas, was scheinbar eindeutig war.

Kreuzer: Dieses Zersetzen im Sinne von Analysieren ...

Sperber: **Ganz richtig.**

Kreuzer: ... ist natürlich allen Schulen der Psychotherapie gemeinsam und geht darüber hinaus. Sie verweisen zu Recht darauf, daß dieses Motiv, das der Identitätskrise des jüdischen Bürgertums in Österreich, etwas mit dem Nationalcharakter oder mit der Gesamtsituation der Monarchie zu tun hat, dem „O du lieber Augustin" oder „Da habts mei letztes Kronl".

Saus und Braus bei stillstehender Uhr

Sperber: **Sie sind zu jung, um das erlebt zu haben, aber sie können es aus der Ferne literarisch empfinden: Die österreichisch-ungarische Monarchie starb fast hundert Jahre lang. Man lebte – in Saus und Braus die einen, in Not und Elend die anderen –, aber in einem Reich, dessen Uhr bereits stehengeblieben war. Je toter die politische Wirklichkeit war, um so lebendiger war das geistige Leben. Die fruchtbarste kulturelle Phase des modernen Österreich liegt zwischen 1880 und 1938. Zwischen 1880 und 1918 wird gesät und teilweise geerntet. Die große Ernte kam, als Österreich völlig darniederlag, erledigt, zwischen 1918 und 1938. Worauf ich hinauswill: Diese Psychologie, zersetzend, identitätssuchend, also in Frage stellend den, der sucht, hat eine grundsätzliche Frage gestellt ...**

Kreuzer: Die Welt ist nicht so, wie sie ist, das Ich ist nicht so, wie es ist.

Sperber: **Oder sagen wir, sie ist nicht *ganz so,* wie sie scheint. Es mag sein, daß der unsichtbare Teil, will man wirklich in das Innere des Wesens eindringen, der wichtigere ist. Ich möchte sehr darauf Wert legen, daß ich ein bewußter Jude bin, daß ich nichts Assimilatorisches an mir** habe. Die geistige Dynamik des ausgehenden alten Österreich war sehr stark jüdisch begründet und gekennzeichnet. Hier sollte aber gesagt werden: Das österreichische Wesen selbst ist durch die aktive Konterreformation zu einer Art kulturellem Stillstand gebracht worden. Im Vergleich zu all dem, was in der Welt geschah, war die Konterreformation eine Art von Blockade. Und nun begann sich unter der Decke dieser absoluten Farben der Regierung – ein Absolutismus, der durch Schlamperei gemildert war – mancherlei zu regen, das um so revolutionärer war, eben weil darüber die Etikette gewahrt blieb. Und das galt nicht nur für die Juden. In diesem Sinn ist „österreichische Wissenschaft" nicht nur „jüdische Wissenschaft".

Kreuzer: Da besteht kein Widerspruch: Für Sie sind die jüdischen Bildungsbürger dieser späten Monarchie eben ganz besonders typische Bürger dieser Zeit.

Sperber: **Ganz richtig.**

Kreuzer: Und sie haben eine ganz besondere Antenne für die geistigen Qualitäten dieser Zeit gehabt.

Sperber: **Die Antworten, die damals gegeben wurden, waren nicht gültig, mit der eigenen Existenz nicht kompatibel. Diese Juden, deren Söhne oder Enkel die Paläste auf dem Ring bauten, deren Kinder bereits Hochschulen besuchten und das Ideal hatten, im Geistigen zu leben, waren das Produkt der Umformung im Verlauf von Generationen. In bestimmten Wissenschaften waren Juden viel stärker vertreten als die anderen: Chemie, Elektrizität – und im künstlerischen Bereich: Film. Denn die, die sich ihrer Position sicher waren, ließen ihre Söhne nicht etwas studieren, was so unsicher wie Chemie, Radio oder Kino war. Das alles sind jüdische Fächer geworden, weil sie keiner wollte.**

Kreuzer: Ein Zwang zur Entdeckung oder zur Aufschließung von *Marktnischen.*

Sperber: **Es handelt sich um das Adlersche Gesetz der Überkompensation von Minderwertigkeitspositionen.**

Die Welt des „Als-ob“: Vom Sein zum Werden

Kreuzer: Weil wir jetzt wieder auf Adler kommen wollen und weil wir den negativen oder als negativ scheinenden Aspekt dieser Geistigkeit, nämlich den zersetzend-analytischen, erwähnt haben, könnten wir vorwegnehmend festhalten: Im Zersetzend-Analytischen ist natürlich die Chance der Offenheit, die Chance der Erkennung des Seelischen als etwas sich Entwickelndes. Alles ist in Bewegung, in Entwicklung befindlich ...

Sperber: **Dazu kommt etwas sehr Wichtiges, das nicht aus Österreich kam, aber ebenfalls von einem Juden, von dem deutsch-jüdischen Philosophen Hans Vaihinger, der die Philosophie des „Als-ob“ begründet hat. Immer wieder ging es um die Frage, ob denn alles nur so erscheint, *als ob es wäre.* Der Mensch, der glaubt, sich nicht zu irren, erliegt immer wieder einem *„Als-ob“.***

Kreuzer: Ein Zitat aus einem ganz anderen Bereich: Ilya Prigogine, der Nobelpreisträger, der jetzt in Sachen Evolution ganz Wesentliches aussagt, nennt sein letztes Buch *Vom Sein zum Werden;* er meint im wesentlichen, daß der Unterschied der Naturwissenschaft vom neunzehnten zum zwanzigsten Jahrhundert der ist, daß man die Welt seinerzeit als eine *seiende* gesehen hat, als eine bestehende, und daß man sie jetzt als eine *werdende* sieht, als einen *Prozeß.*

Der Mann – ein gewesenes Kind

Sperber: **Ich muß allerdings einwerfen, nur um der Gerechtigkeit willen: Der Gedanke des Werdens kommt im wesentlichen von Hegel. Marx ist darauf aufgebaut und die ganze moderne Psychologie, von der wir jetzt reden. Das heißt: Der Mann ist das Kind, das er gewesen ist. Wir finden im Mann das Kind, das er gewesen ist, und wir suchen im Kind die Elemente, die einmal den Mann bilden werden. Sie sehen also: Es ist nicht die Reduktion des Seins auf das Werden. Man kann das Sein nicht begreifen, wenn man es nicht als ein *gewordenes Sein* betrachtet.**

Kreuzer: Wenn der Haupttrend der Unterscheidung dieser beiden Jahrhunderte von einer Sicht der Welt als einer Welt des Seins zu einer Sicht der Welt als einer Welt des Werdens geht, dann waren nach all dem, was wir jetzt gesagt haben, diese Bildungsbürger, diese jüdischen Bildungsbürger der ausgehenden Monarchie im besonderen geeignet, in wichtigen Teilbereichen gedanklich zu vollziehen, was sich abgespielt hat.

Sperber: **Söhne, Töchter und Enkel sind in dieser Beziehung nicht mit Eltern und Großeltern gleichzusetzen. Diese hatten nur einen Traum, den Traum des liberalen Bürgertums, daß alles so bleibe, wie es ist. Die Söhne revoltierten gegen den Ausgangspunkt der Eltern.**

Kreuzer: Das sind jene, die zwischen 1890 und 1914 zur Welt gekommen sind ...

Vom guten Sohn zum Autor des *Reigen*

Sperber: **Nehmen wir einen Fall wie den von Schnitzler. Dessen Vater kommt aus einem ungarischen Dorf, aus einer kleinen jüdischen Familie. Der Vater macht eine bedeutende medizinische Karriere, auch Schnitzler wird gleichsam gezwungen, Arzt zu werden, ein guter Arzt. Und während er noch als Arzt arbeitet – solange der Vater lebt, tut er das –, beginnt er mit wirklichen Röntgenaugen diese stabile, schöne Wirklichkeit zu betrachten, und er *zersetzt* sie in seinen Novellen. Denken Sie nur an seine Stücke, seine Novellen. Es handelt sich hier auch darum, daß eine neue Generation eine Bereitschaft in sich trägt, den Bereich der Einsicht zu erweitern, indes die ältere Generation gewöhnlich dazu neigt, das, was sie geerbt und bereichert hat, als endgültig anzusehen.**

Kreuzer: Es war wohl auch genau diese Generation, die den Zustand dieser geistigen Welt, der sie umgab, als erste tatsächlich wahrgenommen hat.

Sperber: **Sie war kritischer, viel kritischer.**

Kreuzer: Die Eltern haben vielleicht noch geglaubt, daß es mit dieser Welt so weitergehen könnte ...

Sperber: **In diesem Sinn haben Sie recht. Es schien vorerst so, als ob dieses Kaiserreich kaum angreifbar wäre, auch wenn es immer wieder irgendwelche Turbulenzen gab ...**

Kreuzer: Man kann diesen Generationssprung an der Tragödie einer einzelnen Familie darlegen, nämlich der bereits erwähnten Wittgensteins. Der alte Wittgenstein, der österreichische Krupp, der größte Industrieherr überhaupt: Drei seiner Söhne aber bringen sich um – und einer der Überlebenden ist Ludwig Wittgenstein ...

Sperber: **... der die Erbschaft, das ganze Vermögen ablehnt und die Mittellosigkeit eines Dorfschullehrers wählt.**

Kreuzer: Und das ist kein Zufall ...

Sperber: **Übrigens: Wenn Sie in diesem Zusammenhang an Karl Kraus denken, vervollständigt sich das Bild.**

Kreuzer: Im politischen Bereich sind hier die Führer der Sozialdemokratie zu nennen: Victor Adler, Otto Bauer ...

Sperber: **Ja, natürlich, das sind die Söhne von Bürgern, die intellektuelle Berufe wählen, die Advokaten, Ärzte, Philosophen, aber auch Psychologen werden. Für Sigmund Freud eilt alles. Das heißt, er erkennt die Instabilität der Situation, in der er sich befindet. Die Juden sind dynamisch, weil sie keine klar abgegrenzte Position haben.**

Die Antennen für den Zeitgeist

Kreuzer: Sie hatten in dieser Situation die besseren Antennen für die Entwicklung der Zeit. Sie haben nicht alles Neue herbeigeführt, aber sie haben alles Neue besser gehört, besser gesehen, besser verstanden.

Sperber: **Ja, im wesentlichen ja. Sie sind auch viel offener gewesen gegenüber der neuen Kunst, den neuen Kunstströmungen, ob es sich um Klimt handelt oder um Kokoschka. Schauen Sie sich die Frauen an, die gemalt haben: Es waren jüdische Frauen. Es beginnt die Epoche des Interrogativen, der Fragesätze. Man kann es mit Pirandello ausdrücken: „Das ist es – ist es so?" Alles wird in Frage gestellt. Das ist *zersetzend.* Wer die**

Frage stellt, zersetzt. Sokrates hat Fragen gestellt, hat zersetzt.

Psychoanalyse und Sozialdemokratie

Kreuzer: Sie sind es, der das Wort *Zersetzen* durch diese saubere Verbaldefinition als *analytisch* übersetzt hat.

Sperber: **Da ist natürlich der Fall Adler hervorzuheben. Adler ist zum Unterschied zu Freud und den meisten, die Freud umgaben, und erst recht zum Unterschied von C. G. Jung Sozialist – Adler war Vorsitzender der ersten sozialistischen Studentenbewegung. Das heißt: Für Adler selbst ist die soziale Frage mit der der persönlichen, der individuellen Emanzipation, der Befreiung des Individuums verwandt, ja identisch. Für ihn sind diese Fragen miteinander verquickt. Er glaubt, daß man die Zusammenhänge stets im Auge behalten muß.**

Kreuzer: Er hat sich aber taufen lassen.

Sperber: **Das Sich-taufen-Lassen spielt keine entscheidende Rolle.**

Kreuzer: ... ist aber für die Problemkonstellation bezeichnend.

Sperber: **Ja, es ist. Ich bedaure, daß ich darauf hingewiesen habe. Manche haben das vielleicht falsch verstanden. Schauen Sie: Adler war völlig ungläubig. Er kam aus einer Familie, die so gut wie völlig ungläubig war. Er war das Wienerischeste, das man sich überhaupt vorstellen kann: in seinem Gehaben, in seiner Sprache – zum Unterschied von Freud. Er kam eben nicht aus der Franz-Josephs-Straße – jetzt heißt sie, glaube ich, Heinestraße. Er kam aus Rudolfsheim, aus den „entern Gründ". Dieser Mann hat sehr genau erfaßt, was die Stunde eigentlich geschlagen hatte. Er wußte: In diesem Jahrhundert würde die soziale Frage eine Bedeutung annehmen, von der man vorher nur eine Ahnung gehabt hatte, die man also nicht ernstgenommen hatte.**

Kreuzer: Er ist ja auch daher als Person die Brücke zwischen den politischen und geistigen Bewegungen der Zeit, also der Sozialdemokratie und der kritischen Psychologie.

Sperber: **Ja, eben das.**

Das Ich und das Wir

Kreuzer: ... weil auch in seiner psychologischen Lehre der soziale Aspekt im Vordergrund steht.

Sperber: **Das Wort Psychoanalyse, das von Freud geschaffen worden ist, hat Freud gehört. Es bedeutet, daß man, um den Menschen zu verstehen, bestimmte Mechanismen erfassen muß, die essentiell nichts anderes sind als die Triebe, mit denen der Mensch zur Welt kommt. Man sieht die Seele so, als ob die Triebe Atome wären. Adlers Auffassung ist die entgegengesetzte. Er sucht diese seltsame Erscheinung zu erfassen, die der individuelle menschliche Charakter ist.**

Kreuzer: Das Individuum — aber in der Gruppe.

Sperber: **Setzen Sie ein Kind aus, dann geht es – außer wenn es eine Wölfin gibt, die es säugt – zugrunde. Der Mensch ist am Beginn das lebensunfähigste Geschöpf, das es auf der Welt gibt. Somit ist also der Charakter die Zusammensetzung ungezählter Einflüsse, die von der Umwelt ausgehen, und deren Verarbeitung durch das Individuum. Wir betreiben also keine Psychoanalyse, sondern eine Beziehungsanalyse, wenn wir davon ausgehen, daß der Mensch ein vergesellschaftetes, gemeinschaftsfähiges und zur Gemeinschaft gezwungenes Wesen ist.**

Verstehen, was ein „Narr“ tut

Kreuzer: Herr Sperber, wir kommen nun zum Unterschied der drei Denkschulen dieser psychologischen Entwicklung. Einleitend sollten wir vielleicht auf ihre Gemeinsamkeit verweisen. Vermute ich richtig, daß ihre gemeinsame Wirkung das ist, was man auch als dritte „kopernikanische Wende“ dargestellt hat? Die erste nimmt den Menschen durch Kopernikus, Kepler und Galilei aus der Mitte des Weltalls, die zweite nimmt ihm durch Darwin die Besonderheit seines Menschseins, stellt ihn in die Reihe der Tierentwicklung, und diese dritte nun beraubt ihn der naiven Vorstellung, daß seine Welt so ist, wie sie ist, daß insbesondere sein Ich so ist, wie es ist. Das, was Seele, was

Bewußtsein ist, kann man nicht mehr unreflektiert hinnehmen. Das Dunkle im Menschen wird erhellt.

Sperber: **Ihre Frage trifft den Kern. Nehmen wir als Beispiel den Traum: Man hat ihn als Unsinn angesehen. Nehmen wir als anderes, gewichtigeres Beispiel die Geisteskrankheit: Was der „Narr" tat, schien völlig unsinnig zu sein. Nun kommen die deutenden Psychologien und sagen uns, daß es neben dem Schein, in dem sich eine Sache darstellt, ein Sein gibt, ein *gewordenes Sein.* Da kommt natürlich die Lehre vom Unterbewußten beziehungsweise Unbewußten hinzu. Gemeinsam ist ihnen zwar nicht die gleiche Auffassung vom Unbewußten, aber daß das Unbewußte ein wesentlicher Teil des menschlichen Seins ist, wird einvernehmlich vorausgesetzt.**

Kräfte von unten, Kräfte von außen

Kreuzer: Das heißt, was diesen drei Denkrichtungen gemeinsam ist, ist der Gesichtspunkt, daß das Bewußtsein des Menschen, auch sein Wille, also das, was ihm als helle Vernunft erscheint, von Kräften gesteuert wird, die ihm nicht bewußt sind, die außerhalb seines Bewußtseins liegen – während bei Sigmund Freud diese Kräfte von unten, von innen kommen, kommen sie bei Adler von außen, von der Gesellschaft, von den Menschen, die einen umgeben.

Sperber: **Freud ist ein Psychologe der Seele. Es geht ihm um die Triebe, um die Verklemmung der Triebe durch Verdrängung ...**

Kreuzer: Und soweit das Soziale mitspielt, ist es die Familie.

Sperber: **Alles spielt im Schlafzimmer sozusagen.**

Kreuzer: Die Mutter spielt eine wichtige Rolle, der Vater spielt eine wichtige Rolle. Die Gesellschaft besteht aus Mutter und Vater.

Sperber: **Ja, eben. Bei Adler aber befindet sich die menschliche Gesellschaft in ununterbrochener Umgestaltung und wirkt auf den Menschen. Und der Mensch kann zum Selbstzerstörer werden, zum Saboteur seines eigenen Tuns.**

Kreuzer: Weiter zum Unterschied zwischen Freud und Adler: Im Kern der Sache kommen bei Freud diese mitbestimmenden oder bestimmenden Kräfte des Unbewußten oder Unterbewußten von unten, von innen ...

Sperber: **Vom *Es,* er nennt es das *Es.***

Die Erziehung der Erzieher

Kreuzer: Die soziale Situation, soweit sie überhaupt eine Rolle spielt, ist bestimmt von Vater, Mutter und Kind.

Sperber: **Es ist keine soziale, es ist eine libidinöse Situation, eine Triebsituation.**

Kreuzer: ... während Adler sich in seiner ganzen Problematik auf die Gesellschaft bezieht, auf die Gruppe, auf die Rolle des Individuums in der Gruppe und dort, also oberhalb, außerhalb des Individuellen, jene Wirkkräfte vermutet, die auf das Ich einwirken.

Sperber: **Sagen wir es etwa so: Jeder Mensch ist für die ersten Jahre seines Lebens durch seine Umgebung bestimmt. Daß er spricht, ist in Wirklichkeit eine Folge von Adaptation, Anpassung. Dann beginnt die Phase der aktiven Anpassung. Er macht etwas aus dem, was ihm beigebracht worden ist. Er hört auf, nur Objekt der Erziehung zu sein, und seine Beziehung zu den Erziehern wird ein Faktor für die Erziehung der Erzieher. Somit kann man sagen: Er wird ein Stück dessen, was ich bin, ist Okkupation durch die Umwelt. Und ein Stück dessen, was meine Umwelt ist, ist ein Stück Okkupation durch mich. Die Dinge sind viel komplexer, als es auf den ersten Blick aussieht. Triebe spielen eine wichtige Rolle. Es gibt die Sexualität, ganz abgesehen von den rein organischen Trieben. Das alles vernachlässigt Adler nicht nur nicht, sondern er gibt dem Organischen eine ungeheure Bedeutung. Noch bevor er mit Freud gebrochen hat, sieht er, daß angeborene Organeigenheiten, die er Organminderwertigkeiten nennt, eine ungeheure Rolle spielen, daß sie nicht nur Minderwertigkeitsgefühle erzeugen, sondern auch die Konzentration des Lebewesens auf bestimmte Einzelheiten bewirken. Wenn Sie wissen wollen, was so ein Kind wer-**

den wird, stellen Sie einmal die Skala der Aufmerksamkeiten auf, dann sind Sie fast schon auf dem Wege zu dem, was werden wird.

Kreuzer: Daraus ergibt sich die Wahl des Weges.

Sperber: **Hier spielt ein Wort eine Rolle, das in den letzten Jahrzehnten leider furchtbar mißbraucht, ignorantisch mißbraucht worden ist: Dialektik. Jede Psychologie ist dialektische Psychologie, sie bezieht sich ununterbrochen auf Wirkungen und Gegenwirkungen.**

Jenseits von Ödipus

Kreuzer: Da ist auch der Vereinfachung entgegenzutreten, daß bei Freud die Sexualität und bei Adler der Wille zur Macht eindeutig im Vordergrund stehen.

Sperber: **Der Wille zur Macht ist eine der Äußerungsformen des Kompensationsstrebens, das uns allen eigen ist. Es kann ein Geltungsstreben sein, es kann ein Überlegenheitsstreben sein, es kann ein Unterdrückungsstreben, es kann ein Machtstreben sein. Sage mir, wie groß dein Machtstreben ist, und ich werde dir sagen, wie groß dein Unsicherheitsgefühl, deine Furcht vor dem Leben ist. – Adler hat keineswegs gedacht, daß dieses Machtstreben die Bedeutung des Sexuallebens vermindert, er hat nur gedacht: Vielleicht sage ich es viel klarer, als wenn ich es Ödipuskomplex nenne und damit die unvermeidlichen Kämpfe der Generationen bezeichne. Der Ödipuskomplex im Freudschen Sinn kann sich tatsächlich etablieren. Das kann sich in dem Willen des Kindes äußern, die Mutter oder den Vater zu beherrschen, sich seiner völlig zu bemächtigen, den anderen auszuschließen und dergleichen mehr. Aber das Wesentliche am Widerspruch ist nicht, daß wir sagen: Es kann keinen Ödipuskomplex geben. Wir sagen, das ist nur eine Ausdrucksform von etwas Wesentlichem, und das Wesentliche heißt: Kein Mensch kann leben ohne den Willen zur Selbstbehauptung. Das Streben nach Macht, das Streben, geliebt zu werden, all das hat seine Gründe, aber es ist ein Teil unseres fundamentalen Strebens nach Selbstbehauptung, nach Selbstwertgefühl.**

Kreuzer: Nach der Fähigkeit auch, Probleme zu lösen.

Sperber: **Das eigene Sein ist begründet in dem Wert, den man verkörpert.**

Dunkles hell machen

Kreuzer: Auf der einen Seite der Begriff Verdrängung, auf der anderen Seite der Begriff des Arrangements – das Gemeinsame ist, daß aufgedeckt wird, wie aus dem hellen Bewußtsein, aus der menschlichen Vernunft Wichtiges, Schicksalbestimmendes hinausgedrängt wird, das in der Therapie aufzuklären, aufzuhellen, zurückzuholen ist in den Bereich der Vernunft. Das ist das Verbindende.

Sperber: **Ich würde sagen, Adler selbst hat die *Psychopathologie des Alltagslebens* von Freud, das eigentliche Buch über die Verdrängung ...**

Kreuzer: Nicht abgelehnt.

Sperber: **... sehr geschätzt. Sehr geschätzt, mit Recht. Ich selbst sehe es viel weniger positiv. Für mich bedeutsam ist Adlers Auffassung von der Apperzeption, von der Wahrnehmungsweise des Menschen: Jeder von uns nimmt auf eine eigene Art und Weise wahr, und zwar auf eine Weise, die zu ihm paßt, die zu seinem Streben paßt, zu seinem Unbewußten paßt, zu seinem Bewußten.**

Kreuzer: Also selektiv; er sieht, was er sehen will.

Sperber: **Ja, selektiv und ohne es zu wissen. Und ich meine das Beispiel, das Sie in der Schule gelernt haben, schon in der Schulpsychologie: Drei Menschen gehen durch einen Wald – ein Wanderer, ein Tischler, ein Holzhändler –, und jeder sieht einen anderen Wald – natürlich.**

Kreuzer: Die Rashomon-Story: Jeder hat einen anderen Mord erlebt.

Sperber: **Der Mensch ist fast unfähig, das wahrzunehmen, was er nicht wahrnehmen will. Im Französischen heißt es: Niemand ist so taub wie der, der nicht hören will.**

Kreuzer: Das hat natürlich einen sehr guten biologischen Grund: Es geschieht zum Zweck des Überlebenkönnens. Wenn man all das nicht verdrängen könnte, was störend ist, könnte man nicht leben.

Sperber: **Ja, das sagen Sie sehr zutreffend – dahinter steckt natürlich auch ein biologisches Substrat. Wir sprechen jetzt aber von den Verfeinerungen des Psychischen: Da sind die Kanäle viel feiner, viel dünner.**

Lieber krank sein als geprüft werden

Kreuzer: Wie unterscheidet sich nun die Freudsche Verdrängung vom Adlerschen Arrangement?

Sperber: **Das Adlersche Arrangement ist – und Sie haben nicht unrecht, es ist in der Nähe der Verdrängungstheorie Freuds anzusiedeln – doch etwas völlig anderes. Nämlich in diesem Sinne: Arrangement ist nach Adler die Gestaltung von Lebensmethoden auf Grund von bestimmten Wahrnehmungsweisen, die einem Neurotiker ermöglichen, zu glauben, daß er immer recht hat. Arrangement ist die Flucht in die Krankheit.**

Kreuzer: Eine Überlebenshilfe.

Sperber: **Ja, natürlich. Statt zu sagen: Ich will nicht zur Prüfung gehen, weil ich nicht durchfallen will, ist es sehr gut, wenn man einen furchtbaren Magenkrampf bekommt und sich sagt: Ich kann nicht zur Prüfung gehen. Das Arrangement ist also Teil einer Lebensmethode, die man als neurotisch bezeichnen kann, weil sie das Ausweichen vor der Schwierigkeit ist. Indes alles psychische Leben Überwindung der Schwierigkeiten ist. Ich habe es so definiert: *Leben ist eine Überwindungsprämie.* In jedem Teil unseres Seelenlebens haben wir etwas zu überwinden. Wir müssen es immer selbst überwinden. Manchmal kann man uns helfen, aber meist müssen wir es selbst überwinden, ohne Hilfe. Was leistet nicht ein Kind, wenn es sprechen lernt!**

Kreuzer: Nun sagt Chomsky, daß die Sprache schon als Voraussetzung im Gehirn vorhanden ist, daß sie nicht *erworben,* sondern *aktiviert* wird.

Sperber: **Ja, eben. Also muß man aktivieren. Aber das ist eine Leistung. Es gibt Kinder, die erst sehr spät zu sprechen** beginnen, aber wenn sie dann beginnen, sprechen sie tadellos. Sie haben das Sprechen vorher verweigert. Warum? Häufig, weil man ihnen jeden Wunsch von den Augen abgelesen hat. Dann brauchen sie nichts zu sagen. Und natürlich empfindet das Kind in dieser Situation eine Überlegenheit, einen ungeheuren neurotischen Profit. Die Verdrängung hat mit dem Arrangement auch gemeinsam, daß das Unbewußte drinnen ist, da haben Sie recht, aber bei Adler ist das finalistisch gesehen, im Hinblick auf eine Zielsetzung. Da kommen wir zum Sozialen zurück, und Sie werden gleich sehen, wie recht Sie hatten, so darauf zu bestehen, daß es immer Neurosen gegeben hat, aber innerhalb des Familienlebens. Der Sohn wurde das, was der Vater war. Die Anpassung mochte mißlingen, aber es spielte keine große Rolle: Es blieb innerhalb der gesetzten Grenzen in bezug auf Risiko. Jetzt liegen die meisten Menschen in ihrer Arbeit *extrafamilial.* Sie müssen sich bewähren oder versagen in einem Rahmen, in dem sie nicht auf alle jene Milderungsgründe rechnen können, die ihnen zu Hause zugestanden sind. Deshalb also gibt es das *Scheitern.* Die Zahl der Neurosen nimmt dementsprechend zu.

Die unmoderne Hysterie

Kreuzer: Das ist aber eine Neurosenform, die der Adlerschen Individualpsychologie gemäßer ist als die Freudsche Psychoanalyse.

Sperber: Man könnte das sagen, aber man könnte auch umgekehrt sagen: Zu Freuds Zeit waren die meisten Neurosen Hysterien, die heute fast völlig verschwunden sind. Die Volksschichten haben sich geändert, das zeigt die Bedeutung des Sozialen.

Kreuzer: Konsequenzen des Viktorianischen Zeitalters.

Sperber: Ja, ja. Gewisse Sitten und Gebräuche entsprechen den Anforderungen einer bestimmten höheren Gesellschaftsordnung. Das zeigt die Problematik der Neurosen. Neurosen sind Krankheiten und sind es nicht. Sie werden von der Krankenkasse jetzt als Krankheiten anerkannt; ich bin einverstanden. Adler aber sieht in ihnen bestimmte soziale Disfunktionen, soziale oder, wenn Sie wollen, asoziale Umfunktionierungen. Das ist sehr wichtig. Freud hat die gleichen Mängel gesehen, aber er hat alles innerhalb der Familie betrachtet. Freud wie Adler haben am Anfang mit bürgerlichen Frauen und Männern zu tun gehabt, das heißt mit Menschen, deren materielle und soziale Abhängigkeit geringfügig war.

Kreuzer: Mit Problemen des Viktorianischen Zeitalters also.

Sperber: **Ja. Das ist also nicht skandalös, sondern familiär.**

Kreuzer: Daher die Überschätzung der sexuellen Hemmungen und Zwänge.

Sperber: **All das sind somit Familiengeschichten.**

Kreuzer: Adlers Lehre ist also für die moderne Gesellschaft besser anzuwenden. Sie gibt mehr.

Sperber: **Die Psychoanalytiker behandeln jetzt zum größten Teil in Adlerscher Weise. Und sie sagen, man müßte der Ich-Psychologie eine größere Bedeutung geben.**

Kreuzer: Kann man nicht auch sagen — ohne den Ruhm Sigmund Freuds, des Genies dieser Denkperiode, zu schmälern —, daß die Adlersche Lehre über die Freudsche in diesem Sinn hinausgeht, daß man eigentlich die Freudsche Lehre unter die Adlersche subsumieren kann — aber sicher nicht umgekehrt?

Sperber: **Es handelt sich tatsächlich um zwei Arten der Annäherung an das Problem. Die Annäherungen sind völlig verschieden. Die Trieblehre und die soziale Auffassung des Menschen, das heißt des vergesellschafteten Wesens, sind an eine Umwelt gebunden. Somit begegnet der Freudsche Psychoanalytiker dem Adlerschen Schema. Innerhalb der Schulen glaubt aber jeder Psychoanalytiker immer wieder aufs neue feststellen zu können, daß gemäß Freud der Ödipuskomplex der einzige angeborene seelische Faktor ist; so wie Adler glaubt, daß das Gemeinschaftsgefühl der einzig angeborene seelische Faktor wäre. Dabei waren doch beide ungeheuer rückständig in der Auffassung, daß vom Seelischen sonst nichts angeboren ist.**

Kreuzer: Wir kommen nun zum Endkapitel unseres Gesprächs. Frage: Was ist aus diesen Schulen geworden? Ist die Tendenz, das Bemühen, alles Dunkle der menschlichen Seele aufzuhellen, alles der Vernunft Entzogene wieder der Vernunft zugänglich zu machen, ist dieses Bemühen erfolgreich gewesen? Einerseits geht es um Therapie, um die Befreiung des Menschen von Krankheitssymptomen; andererseits: Ist es nicht problematisch geworden, daß man der Vernunft alles das zugänglich machen will, was aus gutem biologischen Grund eigentlich der Vernunft entzogen ist?

Sperber: **Das ist eine sehr schöne, schwierige Frage. Ich antworte darauf: Ich bin mir dessen bewußt, daß andere ganz anders antworten würden. Es ist jetzt à la mode, den Fortschritt, die Technik anzugreifen, obwohl man von ihnen lebt; um sie anzugreifen, braucht man sie. Ich glaube, daß das Wort Vernunft nicht ganz das deckt, was eigentlich gemeint ist. Ich möchte ein einfaches Wort nehmen: die anspruchsvolle *Einsicht.* Kein Mensch lebt nur auf Grund seiner *Einsicht.* Wir alle handeln in einem seltsamen Gemisch von Einsichten, Intuitionen, unbekannten Affekten, Gefühlsstörungen, Ausbrüchen von Zorn und was weiß ist. Die Gefahr, daß der Mensch zu vernünftig wird, scheint mir nicht gegeben.**

Ist die Seele auszuleuchten?

Kreuzer: Ja, aber ist es daher nicht ein Irrweg, auch nur zu glauben oder einen Patienten glauben zu lassen, daß man diesen dunklen Kosmos der menschlichen Seele ausleuchten könne?

Sperber: **Ich bin sehr froh, daß Sie mir die Gelegenheit geben, dies zu beantworten. Die Freudsche Lehre und viele Schulen, die Freud nachgefolgt sind, gingen davon aus, daß die Heilung durch die Bewußtmachung herbeigeführt wird. Prinzipiell würde ich sagen: Man kann behaupten, daß man es können könnte, und gleichzeitig meinen, daß man es niemals wirklich vollbringen wird. Die Bewußtmachung als ausreichendes Mittel der Heilung seelischer Erkrankungen ist im Prinzip denk-**

bar, aber nicht praktikabel. In einer Behandlung spielt sich sehr vieles ab, was den Kranken tatsächlich zur Gesundheit hinbringen kann, auch die Ermutigung, er selbst zu sein, so zu sein, wie er halt ist – mit all seinen Schwächen. Aber das, worauf auch Sie hinauswollen, ist: Es könnte ungut sein für den Menschen, alles, was sein Wissen von sich selbst ist, einzuheimsen und es für immer in seinem Bewußtsein zu bewahren. Aber ich glaube nicht, daß die Gefahr besteht, daß irgend jemals ein Mensch diesen Weg bis ans Ende geht. Der Prozeß des Seins ist ein ewiger Werdeprozeß, und wir bleiben gewöhnlich mit unserem Bewußtsein stecken, bevor unser Werden vollendet ist. Wir alle leben fragmentarisch, und es ist keine Gefahr, daß ein Mensch jemals zur Vollendung kommt. Ich habe deshalb vor Vernunft und Einsicht keinerlei Angst. Da ist zum Beispiel die Frage, ob ein neurotischer Dichter, der geheilt wird, überhaupt noch Dichter ist. Adlers Antwort darauf ist gewesen: Ein Neurotiker, der Dichter ist, schreibt selten lesbare Gedichte, solange er im neurotischen Zustand ist. Jedesmal wenn er schreibt, ist das ein Stück zur Überwindung seiner Neurose. Er schreibt also nicht durch die Neurose, sondern trotz der Neurose.

Heilen ist soviel wert, wie der Arzt wert ist

Kreuzer: Es ist natürlich, zuzugeben, daß die Denkrichtungen der Jahrhundertwende, die das Unbewußte bewußt machen wollten, ihr Ziel niemals erreichen können. Nun aber die eigentlich kritische Frage: Befinden sich diese Denkrichtungen und Behandlungsmethoden nicht in einer Sackgasse? Sind sie nicht eine zwar interessante, aber letztlich überwundene historische Periode?

Sperber: Darauf muß man eine den Wissenschaftler enttäuschende Antwort geben. Jede Behandlung ist das wert, was der Therapeut menschlich, in seiner Menschlichkeit und in seinem Wissen, in seinem Können wert ist. Es kommt gar nicht so sehr auf die Lehre an, auf die er sich beruft. Ein Hirte kann einen seelisch kranken Menschen viel besser aufrichten als etwa der größte Psychotherapeut. Die Fortschritte der Psychotherapie in allen Formen, auch der Gruppentherapie, haben zumindest soviel Erfolg gebracht wie die Behandlung chronischer Krankheiten durch die landläufige Medizin. Das ist nicht erhebend, aber es ist nicht schlecht.

Kreuzer: Die Erkenntnis der Hoffnungslosigkeit der Aufhellung alles Dunklen in uns geht auch einher mit Forschungsergebnissen mehrerer Forschergenerationen: Verhaltensforschung, Hirnphysiologie, Genetik. Wir wissen heute einfach besser, als man um die Jahrhundertwende wissen konnte, wie groß der unsichtbare Teil des Eisberges in unserem Hirn ist. Das ist eine großartige Bestätigung dieser Denkrichtungen. Andererseits erklärt sich daraus das Scheiternmüssen des Versuchs, all diese dunklen Teile des Gehirns auszuleuchten.

Sperber: **Jeder, der behauptet, daß er die endgültige, unabänderliche Wahrheit über alle diese Probleme kennt, die wir hier besprochen haben, irrt. Wenn Sie aber fragen: Was bleibt in hundert Jahren von dem, was wir heute als richtig ansehen, so möchte ich darauf hinweisen, was die Menschen in zweitausend Jahren gelernt haben. Das ist recht viel. Und wir haben unser Wissen im Verlauf der letzten hundert Jahre vertausendfacht – verglichen mit dem Wissen, das wir vorher hatten. Wir können also sagen: Das Vernünftige ist gar nicht so schwach auf der Brust. Was vernünftig ist, hält stand.**

Kreuzer: Der Vorhalt der generationenlangen Entwicklung von Verhaltensforschung, Hirnphysiologie, Genetik hat in der Bewertung der Denksysteme, die das Unterbewußte zum Gegenstand haben, auch einen positiven Aspekt, denn tatsächlich ist das, was um die Jahrhundertwende als Unbewußtes vermutet und postuliert wurde, in der Zwischenzeit eindeutig beim Namen genannt worden.

Sperber: **Es gab zu Beginn des Jahrhunderts Theaterstücke, in denen Wissenschaftler auf Ärzte trafen. Die Ärzte waren immer die Aufklärer. Sie sagten: Liebe ist ein chemischer Prozeß zwischen zwei Systemen. Das ist wahr, aber damit ist nichts gesagt, was die Liebe verständlicher macht: Warum ein Mann etwa, weil er nur eine liebt, jahrelang wie ein Eremit lebt, obwohl er von Tausenden Frauen umgeben ist.**

Kreuzer: Sie meinen, wenn man jetzt weiß, wie große Teile unseres Gehirns und unserer genetisch bedingten Grundstruktur dem Bewußtsein nicht zugänglich sein können – wenn man das jetzt medizinisch, physiologisch, chemisch exakt sagen kann –, dann weiß man zwar besser, was Freud, Adler und Jung gemeint haben ...

Sperber: **... aus prinzipiellen Gründen würde ich aber niemals sagen, daß damit ein Endpunkt erreicht ist. Ich glaube, daß wir immer mitten im Strom sind. Manchmal bleiben wir zwar im Strom, durch irgendein Hindernis aufgehalten, stecken, aber danach geht's wieder ein bißchen weiter. Das Wichtigste ist der Weg des Menschen zu sich selbst. Wie der Chinese gesagt hat: Er geht über die ganze Welt – einen kürzeren Weg gibt es nicht.**

Sind die Tauben auf dem Dach der Synagoge Engel?

Kreuzer: Zuletzt einen ganz persönlichen biographischen Bezug: Sie setzen an den Anfang Ihres Adler-Buches ein persönliches Erlebnis. Würden Sie das in diesem Zusammenhang in Erinnerung rufen und sagen, was es Ihnen jetzt, nach einer lebenslangen Erfahrung, in bezug auf Psychoanalyse und Individualpsychologie bedeutet?

Sperber: **Sie meinen die Geschichte vom Karl-Theater. Also, dieses Erlebnis, glaube ich, habe ich in meiner Autobiographie sehr weit zurückdatiert. Und da Sie mich danach fragen, will ich sagen: Ich komme aus einem zutiefst religiösen jüdischen Milieu, aus einem Städtchen, in dem die Religion so herrschte wie – fast könnte man sagen, wie in einem Kloster. Und es gab nun sehr häufig in den Holzhäusern Brände. Und jedesmal, wenn es Brände gab, verbrannte ein Großteil dieses Städtchens, und man sagte, dann setzten sich Tauben auf den First des Daches der Synagoge und beschützten die Synagoge vor dem Brand. Einmal stand ich vor der Synagoge, und da waren Tauben auf dem Dach, und das waren für mich Engel. Ich war ungeheuer beeindruckt, aber eine Minute später spürte ich plötzlich, daß ich nicht glaubte, daß es Engel wären,** aber daß alle rundherum es glaubten. Ich wußte also, daß man es glauben kann, aber ich glaubte nicht mehr das, was die anderen glaubten. Ich bin wahrscheinlich geformt – im tiefsten Wesen geformt – durch einen Widerspruch, der, glaube ich, in mir ist und auch in meiner Beziehung zu Adler entscheidend geworden ist.

Kreuzer: Sie haben den Charakter der Illusion durchschaut.

Sperber: **Ja, ja. Einerseits ist da ein tiefer Skeptizismus: Hinter der Wirklichkeit das sehen, was sich verbirgt; andererseits aber auch eine wirkliche Treue zu dem, was mich etwas lehrt. Mein gutes Gedächtnis, glaube ich, ist darauf zurückzuführen, daß ich immer sehr dankbar gewesen bin dafür, daß mich etwas gelehrt wurde. Und meine tiefe Dankbarkeit gegenüber Adler rührt nicht zuletzt daher, daß ich von ihm sehr viel lernen konnte. Ich bin diesem Mann treu geblieben, aber ich habe bestimmte Dinge, die im Kreis Adlers zu Illusionen geworden sind, nicht geteilt. Es ist also genau die gleiche Geschichte wie mit den Tauben. Und das ist manchmal Adler doch auf die Nerven gegangen. Aber es war nicht wirklich wichtig; wichtig ist das, was geblieben ist.**

Schade um die Illusionen?

Kreuzer: Muß man eigentlich per Saldo froh sein, daß man Illusionen verloren und überwunden hat, oder muß einem um die verlorenen Illusionen leid tun?

Sperber: **Ich glaube, daß man überhaupt erst durch Illusionsverlust erkennen kann, was man erkennt. Ohne Illusionen lebt man in einer Art von monotoner Einstimmigkeit mit dem, was einen umgibt. Da gibt es keine Bewegung; das ist eine winkellose, luftlose Existenz.**

Kreuzer: In diese Frage mündet die historische Bewertung von Freud, Adler und Jung: Müssen wir ihnen dankbar sein, daß sie uns Illusionen genommen haben, oder müssen wir ihnen eigentlich zürnen, daß sie uns nicht in diesen Illusionen belassen haben?

Sperber: **Freud hat zweifellos zu bestimmten, sehr willkommenen, nützlichen Desillusionierungen in bezug auf Sexualbeziehungen beigetragen. Das ist gar keine**

Frage. Auch in bezug auf Fehlleistungen hat er ein riesiges Werk geschaffen. Darin gibt es viele Teile, die auch ein Gegner oder ein Nichtanhänger ohne weiteres anerkennen kann. Aber man muß das Neue auch dann erkennen, wenn es sich dem Urteil, mit dem man antritt, entgegenstellt. Und man muß immer wissen, daß der „Endpunkt" nicht der Endpunkt ist. – Lassen Sie mich noch eine letzte Erinnerung – eine allererste Erinnerung – erzählen: Als Kind ging ich mit Kameraden und mit einem Lehrer auf eine Wanderung; es war die erste Wanderung in einem Hügelland der Karpaten. Ich sah einen Gipfel. Und ich dachte mir: Wenn wir oben ankommen, kann man den Himmel berühren. Als wir auf dem Hügel angekommen waren, war da ein anderer Hügel – ein höherer, weiterer. Von da an bin ich ein Mann geworden, für den kein Hügel der höchste ist. Es gibt immer wieder andere Hügel, höhere, weitere Hügel.

Kreuzer: Das heißt auch, mehr Licht kann also schon deshalb nicht schaden, weil jedes Mehr-Licht auch mehr Schatten, mehr Dunkel schafft ...

Sperber: **Da ist überhaupt keine Gefahr. Nichts ist zuviel im Positiven, im Erkennen und Erkennen-Wollen. Ich glaube, das gehört zu den besten und auch dauerhaftesten Bestrebungen im Leben eines Menschen. Jede Phase hat ihre Vergnügen, ihre Lüste. Zum Schönsten gehört aber zweifellos das Fühlen, daß man zu einer größeren Übereinstimmung mit der Welt dadurch kommt, daß man sie besser erkennt. Ich bin nicht nur kein Misanthrop, obwohl ich, glaube ich, einen scharfen Blick habe, sondern ich liebe die Menschen.**

Kreuzer: Kann man durch besseres Erkennen auch immer besser erkennen, was man nicht erkennen kann?

Sperber: **Natürlich, auch das. An den Grenzen weiß man, wo man ist.**

Kreuzer: Ich danke Ihnen, Herr Sperber.

Gespräch mit Walter Toman

Kreuzer: Herr Professor Toman, Sie sind zur Zeit Auslandsösterreicher, aber die Betonung liegt doch auf Österreicher; Ihrer wissenschaftlichen Ausbildung nach sind Sie ganz und gar Wiener – einer von den „Jungen“ der Nachkriegsgeneration. Sie waren Assistent von Professor Hubert Rohracher. Wenn man ein wenig im „Rohracher“ geblättert hat, und das mußte ja wohl jeder, der irgendwann eine Psychologieprüfung abzulegen hatte, wundert man sich, daß Sie – Assistent bei Professor Rohracher – einer der führenden Wissenschaftler in der Weiterführung der Psychoanalyse geworden sind. Psychoanalyse war bei Rohracher doch eigentlich verboten oder verpönt ...

Toman: **Es war ein bißchen schwierig. Ich hatte mich nicht von Anfang an für Psychoanalyse interessiert. Ich arbeitete zuerst im Bereich Wahrnehmung, in der experimentellen Psychologie, zum Teil sogar in physiologischer Psychologie. Im Laufe meines Studiums und meiner Lehrtätigkeit hat mich aber die menschliche Persönlichkeit, die Persönlichkeitsentwicklung und das Zusammenwirken von Personen immer stärker interessiert. Und da war es naheliegend, daß ich mich an jene Psychologen und Psychotherapeuten hielt, die damit zu tun hatten.**

Sigmund Freud – in Wien im Untergrund

Kreuzer: Das waren die späten vierziger, die frühen fünfziger Jahre. Hatte man damals, wenn man daran interessiert war, in Wien eigentlich eine Möglichkeit, Psychoanalyse im Sinne der Freud-Schule oder der Adler-Schule zu studieren? Hätte man überhaupt einen anderen Mentor als Rohracher haben können?

Toman: **An der Universität nicht – die Universität, also der recht kleine akademische Lehrkörper, war gegen die Psychoanalyse eingestellt. Aber es hat psychoanalytische beziehungsweise tiefenpsychologische Institute gegeben, und die Psychoanalyse, die Individualpsycho-**

logie waren vertreten. Bald nach dem Krieg ist ein Arbeitskreis für Tiefenpsychologie entstanden. Das Interesse war jedenfalls groß. Manche Studenten, aber auch Personen, die persönliche Probleme hatten, haben sich für die Möglichkeit interessiert, durch Gespräche, durch Mitteilungen an andere, Hilfe zu geben oder Hilfe zu bekommen.

Kreuzer: Wir kommen im Laufe unseres Gesprächs noch auf die Kritik an der Tiefenpsychologie zurück. Es besteht kein Zweifel, daß sie umstritten war und ist, vielleicht zu Recht umstritten ist. Andererseits ist Sigmund Freud doch einer der wenigen Namen, die auf der ganzen Welt für Österreich stehen — fast wie Mozart oder Beethoven. Wie ist es eigentlich denkbar — aus Ihrer Sicht rückblickend —, daß in den Jahren nach dem Krieg die Psychoanalyse Sigmund Freuds noch immer in der Diaspora war und in Wien noch immer sozusagen als Widerstandsbewegung betrieben werden mußte?

Toman: Unmittelbar nach dem Krieg war das so, ja. Es war allerdings von Anfang an Gegnerschaft da. Man muß dabei bedenken, daß Freud, um sich überhaupt Gehör zu verschaffen, scharf pointieren mußte und manches wahrscheinlich radikaler dargestellt hat, als es notwendig war. Manches von dem, was er früher gesagt hat, klingt heute viel harmloser, natürlicher und geläufiger als damals. Sigmund Freud selber sagt von sich — sich selbst analysierend —, daß er ein starkes Machtbedürfnis hatte, einen Machttrieb, und daß er, da die Macht in der Politik nicht leicht zu haben war, die Macht durch die Entdeckung der mächtigen Kräfte im Menschen anstrebte, deren der Mensch nicht ganz Herr wird ...

Kreuzer: Das hat natürlich Widerstand hervorgerufen.

Toman: Das hat Widerstand hervorgerufen. Vor allem Freuds Grundthese „Alle Lust ist sexuell“ hat Anstoß erweckt: Wenn das Kind mit Genuß schmatzt, ist das sexuell, eine „orale“ Komponente. Hätte er gesagt: „Alles ist sinnlich“, hätte er nur das Wort „Sinnlichkeit“ gebraucht statt „Sexualität“, hätte er von „sinnlichen Vergnügungen“ statt von „sexuellen Vergnügungen“ gesprochen, wäre wahrscheinlich der Streit viel weniger scharf, die Aversion gegen ihn geringer gewesen. Aber vielleicht hätte er sich, wäre er diplomatisch gewesen, mangels Auffälligkeit nicht durchgesetzt.

In Amerika Österreich entdeckt

Kreuzer: Ich glaube, man kann aber festhalten – wir haben ja die parallele Erscheinung auf anderen Gebieten, etwa in der Philosophie den Wiener Kreis –, daß die Werte der österreichischen Wissenschaft, die um die Jahrhundertwende und in den zwanziger Jahren in Wien vorhanden waren, in der Zweiten Republik erst wiederentdeckt werden mußten. Da hat es einen toten Winkel gegeben.

Toman: **Dazu möchte ich sagen, daß mich der Wiener Kreis in meiner Jugend sehr interessiert hat, daß er meine Hoffnung war in dieser Zeit. Ich war im Krieg verwundet worden und konnte daher früher studieren ...**

Kreuzer: Man sollte dazu sagen: Sie sind Jahrgang 1920.

Toman: **Ja. Und in den Kriegsjahren, in denen ich das Glück hatte, studieren zu können, hat mich das fasziniert, was vor dem Krieg in Wien lebendig war. Die Zeit zwischen den beiden Weltkriegen war eine Blütezeit geistiger Innovationen. Der Wiener Kreis war einmalig, eine Teamphilosophie, eine Philosophie über und für die Wissenschaften. Man konnte davon profitieren, insbesondere in den komplizierten psychologischen Wissenschaften, die sich mit Persönlichkeiten zu befassen hatten, die man damals zu den Geisteswissenschaften, heute eher zu den Sozialwissenschaften rechnet.**

Kreuzer: Das heißt also: Die Wissenschaft der ausgehenden Monarchie und der zwanziger Jahre, mit der Österreicher die ganze Welt befruchtet haben, diese Wissenschaft mußte nach dem Zweiten Weltkrieg allmählich erst wieder mühsam nach Österreich repatriiert werden. In diesem Sinne waren Sie einer von denen, die sich, wenn auch noch jung und eigentlich selbst erst lernend, bemüht haben, den österreichischen Werten in der Wissenschaft wieder Geltung zu verschaffen.

Toman: **Ja. Ich habe dann das Glück gehabt, daß ich einer der ersten war, die als „visiting scholar“ nach Amerika eingeladen wurden, schon 1947. Dort habe ich alles mit**

Heißhunger aufgenommen und nachgeholt, was bei uns einfach nicht da war.

Kreuzer: Sie haben in Amerika auch das emigrierte Österreich entdeckt.

Toman: **Ja, so war es.**

Ein Haus auf einer Bombe, ein Hirsebreiberg ohne Schlaraffenland

Kreuzer: Vielleicht noch ein Aspekt zu Ihrer Person, damit wir genau wissen, mit wem wir es zu tun haben. In Ihren jungen Jahren sind Sie auch als Dichter, als Schriftsteller mit Erzählungen hervorgetreten, die mich als Leser ein wenig an Kafka erinnert haben. Vielleicht sollte man stichwortartig einige dieser Erzählungen nennen. Wie hat das Haus doch geheißen, in dem eine Mauer nach der anderen niedergerissen wird?

Toman: **Das Scheffel-Haus, dessen Einwohner sich dadurch neuen Wohnraum schaffen, daß sie zueinander einbrechen, die Wände durchbrechen ...**

Kreuzer: Eine Wand nach der anderen niederreißen ...

Toman: **Ja. Eine Wohnung nach der anderen besetzen.**

Kreuzer: Und die Moral von der Geschichte?

Toman: **Das war eine Erzählung in drei Teilen. Der erste Teil handelt von der Entdeckung, daß man sich durch Mauerdurchbrüche Wohnraum verschaffen kann. Der zweite Teil befaßt sich dann mit der Frage: Wie kann man diesem Übel abhelfen? – Eine große Versammlung nach Art des Völkerbundes oder der UNO bringt nicht viel. Das einzige Ergebnis ist, daß sich die Hausbewohner ein tosisches Schloß für das Haustor verschaffen, aber das Haustor ist ohnedies uninteressant. Im dritten Teil verschärft sich der Kampf um die Macht, nicht nur um den Wohnraum, sondern um das Diktat über das ganze Haus. Zu diesem Zweck wird das Haus unterminiert. Alle tragen Dynamit in ihre Keller, das sie von der Wohnung aus zünden können. Mit der Drohung der Zündung wollen alle die Macht über das Scheffel-**

Haus an sich reißen. Das Ergebnis ist, daß dann durch einen kleinen läppischen Ehestreit das Haus in die Luft fliegt.

Kreuzer: Da ist nicht nur Kafka, da ist auch ein bißchen Orwell dabei, wenn man will. Eine andere Geschichte ist mir noch intensiv in Erinnerung: die Geschichte vom Hirsebreiberg, durch den man sich bekanntlich fressen muß, um ins Schlaraffenland zu kommen. In Ihrer Story kommen die sich Durchfressenden nicht immer durch – sie bleiben als Leichen im Hirsebreiberg stecken, und man bemerkt dann durch das Süßerwerden der Hirse, daß man einer Leiche nahe kommt. Ich sehe das rückblickend als eine große Metapher für die menschliche Gesamtproblematik.

Toman: **Wichtig ist auch die Pointe: Unter denen, die sich vom Norden her durch den Hirsebreiberg durchfressen, schafft es einer. Der kommt dann im Süden an, und dort sagt er: Nun bin ich im Schlaraffenland. Er bekommt aber die Antwort: Du bist nicht im Schlaraffenland, du bist vor dem Schlaraffenland. Die im Süden glauben nämlich, auf der anderen Seite des Hirsebreibergs sei das Schlaraffenland.**

Die fließende Grenze zwischen Phantasie und Wirklichkeit

Kreuzer: Sie haben sicherlich Grund gehabt, im Lauf Ihres Lebens den Hauptakzent Ihres Schaffens nicht auf die Literatur zu setzen. Hätten Sie es getan, würde man Sie heute vielleicht besser als Dichter oder Schriftsteller kennen.

Toman: **Ich habe mich nicht getraut. Kann man davon leben? Heute vielleicht, aber damals? Das war mir zu unsicher. Vielleicht auch, daß ich doch ein stärkeres wissenschaftliches Bedürfnis gehabt habe. In der Dichtung kann man natürlich alles sagen, in der Wissenschaft nur das, was man bewiesen hat.**

Kreuzer: Aber da sind die Motive, die *Stoffe* – ich zitiere hier einen Begriff, den insbesondere Friedrich Dürrenmatt geprägt hat –, die Stoffe, die einen durch das Leben begleiten. Die Motivation eines Dichters, eines Schriftstellers kann einem als Wissenschaftler im Bereich des Seelischen eigentlich nicht schaden.

Toman: **Nein, ich würde sogar sagen, der Wissenschaftler muß sich eine gewisse Freiheit und Phantasie bewahren. Der Wissenschaftler braucht nur eine geschultere und eine eingeschränktere Phantasie, muß also von den Phantasieflügen in eine viel exaktere und artikuliertere Wirklichkeit als die Alltagswirklichkeit zurückkehren.**

Kreuzer: Er muß also imstande sein, seine Phantasie zu kritisieren, was ein Dichter nicht muß.

Toman: **Ein Dichter muß es nicht. Auch im Alltag können Phantasien, die zunächst noch nicht Wirklichkeit waren, dadurch, daß sie ausgesprochen werden, auf einmal Wirklichkeit werden. Man behauptet, daß manche Verbrechen durch das, was irgend jemand sich in seiner Phantasie ausgedacht und dann vielleicht in einem Theaterstück oder in den öffentlichen Medien dargeboten hat, angeregt werden.**

Kreuzer: So scharf ist also die Grenze zwischen Phantasie und Wirklichkeit auch wieder nicht. Phantasie kann Wirklichkeit herbeiführen ...

Toman: **Die wirklichen Zusammenhänge sind oft selbst phantastisch. Nehmen wir ein Beispiel aus der Tiefenpsychologie: Die Beziehung der Großeltern zueinander kann noch eine Wirkung auf die Enkelkinder haben, obwohl es gar keine direkte Verbindung gibt. Die Großeltern haben ihren Söhnen und Töchtern mitgegeben, was sie für recht und was sie für unrecht halten, auch wie man die Kinder behandeln soll – nämlich so, wie sie ihre eigenen Söhne und Töchter behandelt haben – und wie man mit dem Ehepartner auskommen kann – nämlich so, wie sie selbst miteinander ausgekommen sind. Diese Effekte lassen sich in der Psychotherapie ihrer Söhne und Töchter beziehungsweise sogar ihrer Enkelkinder nachweisen, an einem größeren Fallmaterial auch statistisch.**

Freuds Entdeckung: Liebe macht Liebe

Kreuzer: Hier ergibt sich eine Brücke zu unserem wissenschaftlichen Thema: Psychoanalyse, Psychotherapie. Nach beinahe hundert Jahren steht dieses ganze Wissenschafts- und Gedankengebäude wie ein Baum mit vielen Ästen, Zweigen, aber auch vielen Wurzeln vor uns. Jeder kann von diesem Baum auch eine andere Meinung, eine andere Sicht haben. Zurück aber zu den Wurzeln, vorerst zur Hauptwurzel. Was ist für Sie, angesichts eines beinahe hundertjährigen Abstands, das wirklich entscheidend Spezifische an der Leistung Sigmund Freuds, vielleicht auch seiner Vorgänger oder Anstoßgeber? Was ist das wirklich Wesentliche, das nach den vielen Entwicklungen und Auffächerungen und nach aller Kritik erkennbar ist?

Toman: **Die Idee Freuds war: Wenn jemand in der Kindheit von seinen Eltern Liebe erfahren hat – die Eltern haben einander geliebt und haben das Kind geliebt –, kann auch das Kind lieben. Wenn aber die Eltern das Kind nicht geliebt haben oder wenn sie das Kind zwar geliebt, aber miteinander gestritten haben, sind ernsthafte Komplikationen da. Das ist die Idee. Freud hat es zwar eine Zeitlang ein bißchen anders dargestellt, so als ob es auf diese konkreten und realen Dinge nicht so sehr ankomme, aber die Erfahrung der letzten sechzig Jahre, kann man sagen, hat gelehrt, daß es sehr wohl darauf ankommt.**

Die drei Ernüchterungen: Kopernikus, Darwin, Freud

Kreuzer: Sie definieren den Beginn dieses Freudschen tiefenpsychologischen, psychoanalytischen Denkens besonders konkret, besonders auf die Persönlichkeit Freuds bezogen. Ich möchte versuchen, zum gemeinsamen Nenner zu kommen. Berücksichtigt man alles das, was sich in der Zwischenzeit weiterentwickelt, dazuentwickelt, kritisch wegentwickelt hat, fragt man sich: Ist nicht die eigentliche Leistung Sigmund Freuds der Versuch des wissenschaftlichen Beim-Namen-Nennens des Unbewußten, Unterbewußten überhaupt, die Entdeckung, daß wir Menschen mit unserem hellen Bewußtsein vorerst den Eindruck haben, dieses helle Bewußtsein sei die Welt, sei unsere ganze Welt, sei unser ganzes Ich, während wir es tatsächlich mit einer relativ dünnen Oberfläche eines komplizierten Dings mit ungemein vielen Schichten zu tun haben? Ist das frühkindliche Erlebnis ausschlaggebend, oder sind es tiefere Hirnschichten, die nach ganz anderen Aspekten, als sie sich Sigmund Freud vorgestellt hat, unterbewußt bedeutsam sind? Aber die Primärentdeckung ist doch die: *Unterbewußtes ist bedeutsam.* Irgendwie hat man es immer gewußt, wie uns die Mythen mitteilen. Unterbewußtes ist also bedeutsam, und es gibt verschiedene wissenschaftliche Zugänge zu diesem Unterbewußten.

Toman: **Das ist Freuds großes Verdienst. Er hat es selber auch schon sehr früh definiert. Freud hat einmal gesagt, die Menschheit hat drei große Ernüchterungen erlebt: Erstens die Entdeckung des Umstandes, daß die Erde nicht im Zentrum der Welt ist – kopernikanisches Weltbild; zweitens: Der Mensch und die Tiere haben gemeinsame Vorfahren – Darwin; und als dritte Erschütterung des alten Weltbildes durch Freud: Der Mensch kann nicht tun, was er will, sondern er wird von Instinkten, von Trieben, von unbewußten Kräften geleitet ...**

Kreuzer: Er ist auch nicht das, was er glaubt zu sein ...

Toman: **Freud hat dabei vielleicht besonders stark gegen die professorale Position der Geisteswissenschaft und der beginnenden Psychologie – die gab es erst seit etwa 1880 – Stellung genommen, die geglaubt hat, daß der Mensch tun könne, was er wolle. Er entscheide alles, er überlege alles, er handle vernünftig. Freud war ein Musterbeispiel dafür, wie man durch strenge Selbstkritik und Selbstreflexion eine Erkenntnistheorie erarbeiten kann. Freud hat gesagt: Ihr seht nur das letzte Stück eines langen Entwicklungsprozesses. Der Mensch bleibt von Instinkten und Trieben und Tiefentendenzen geleitet.**

Kreuzer: Also von der kopernikanischen über die Darwinsche zur Freudschen Enttäuschung des Menschen. Besteht nicht ein starker Zusammenhang zwischen Darwin und Freud? Was in der Freudschen Entdeckung drinsteckt, ist wie bei Darwin und nach Darwin die Dimension der Zeit, der Entwicklung, wobei interessanterweise Freud die phylogenetische Evolution noch weitgehend vernachlässigt hat – das hat dann Jung ins Spiel gebracht mit der Idee der

Archetypen. Für Freud ging es vorwiegend oder ausschließlich um den ontogenetischen Aspekt der Evolution, das frühe Erleben bei der Geburt, in der frühen Kindheit; und auch hier wiederum, seine Idee einengend, um die besondere Konstellation des Kindes in bezug auf seine Eltern. In der Freudschen Grundidee steckt eigentlich viel mehr drin, als wir als Freudsche Lehre überliefert bekommen haben.

Die Dämonen und die Kobolde

Toman: **Ich beziehe mich auf das, was Sie Einengung der Freudschen Idee nennen: Man hat Freud vorgeworfen, daß er eine biologische Theorie aufgestellt, daß er das Soziale vergessen habe. Das war ungerecht, denn es geht ihm immer um menschliche Beziehungen: Das Kind hat Beziehungen zur Mutter, das Kind kann ohne Mutter, ohne eine Pflegeperson nicht überleben; sehr bald tritt auch der Vater in Erscheinung und, wenn das Kind Geschwister hat – das hat Freud allerdings nicht so sehr beachtet –, kommen auch die Geschwister ins Spiel, dann eine Tante vielleicht, eine alte Großmutter. Alle diese Personen lernt das Kind kennen. Freud hat erkannt, wie gewichtig diese frühen Eindrücke sind, er hat aber auch die realen Spuren dieser Wirkungen im Alltagsleben der erwachsenen Menschen gesehen – zum Beispiel in der Tatsache, daß rationale Menschen manche unerklärlichen Fehler machen, manchen Tendenzen nachgeben, die sie eigentlich ablehnen.**

Kreuzer: Zwänge haben, Ängste haben, die sie nicht wollen ...

Toman: **Freud hat die große Schwierigkeit gehabt, daß er sagen mußte: Es gibt Unbewußtes, das wir nicht oder nicht leicht bewußt machen können. Wie kann ich nun der Öffentlichkeit erklären, daß es dieses Unbewußte doch gibt? Da ist er dann auf die Träume gekommen, da ist er auf die allgemeine Psychopathologie gekommen, aber das haben ihm die gesunden Menschen nicht geglaubt. Freud hat in seinen allerersten Vorlesungen – er hat über Träume gelesen – nur drei Hörer gehabt. Also da hat sich zunächst noch nicht viel getan. Als dann die *Traumdeutung* erschien – ein sehr kontroverses, inter-**

essantes und nicht perfektes Buch –, hat man gesagt: Das fußt ja nur zum Teil auf den Träumen anderer, mehr als die Hälfte der Träume sind seine eigenen. Hat er sich da nicht, um seine Annahmen glaubhafter zu machen, einiges zurechtgelegt? Dann ist – 1904 – die *Psychopathologie des Alltagslebens* erschienen, und die war ein Treffer. Da haben auf einmal alle verstanden: Das stimmt, das mache ich ja auch: Manchmal verlege ich etwas, weil ich es nicht haben möchte, manchen Menschen übersehe ich, weil ich ihn nicht mag. Da ist tatsächlich etwas in mir, von dem ich zuwenig weiß.

Kreuzer: Die Freudschen Dämonen wurden also akzeptiert, als die relativ kleinen Klabautermänner des täglichen Lebens präsentiert wurden. Jetzt aber noch einmal zur Überlegung zurück, daß im Grundkonzept Sigmund Freuds sehr viel mehr drinsteckt als das, was wir als Freudsche Tiefenpsychologie kennen. Ich meine das, was seine Schüler, seine Nachfolger, zum Teil Kritiker oder Widersacher, in der nächsten Generation weiterentwickelt haben.

Toman: **Zweifellos steckt in den Ideen Freuds mehr, als er selber zu Ende geführt hat.**

Die Lust und die Macht

Kreuzer: Da ist natürlich vor allem die Dimension, die durch Adler gekennzeichnet ist: die Entdeckung, daß es außer der lustbestimmten Relation Vater-Mutter-Kind und den allerfrühesten Lebensjahren eine ganz wichtige weitere gruppendynamische Dimension gibt, die Geschwister, später die Mitschüler, Arbeitskollegen, und daß da der Wille zur Macht, zur Selbstdurchsetzung, eine große Rolle spielt, daß Schwächen „überkompensiert" werden. Das ist eine ergänzende Entdeckung, die ebensogut Freud hätte machen können – Freud hat sich aber eben auf seinen spezifischen Bereich, der sicherlich kulturhistorisch auch durch die Probleme der Jahrhundertwende in der damaligen Familie festgelegt war, beschränkt.

Toman: **Adler hat etwas aufgegriffen, was Freud explizit mehr oder weniger vernachlässigt hat – implizit wahrschein-**

lich nicht. In seiner Praxis ist auch er darauf gestoßen, wie wichtig etwa die Charakterbildung ist und wie sehr man die besonderen Eigenschaften einer Persönlichkeit aus Prozessen auch der inneren Abwehr erklären kann. Aber das hat dann erst Adler gezeigt. Von ihm stammt die Idee, daß der Charakter ein Produkt von Konflikten ist, die dann auf irgendeine Weise gelöst werden, so wie das neurotische Symptom oder die Neurose das Produkt eines Konfliktes sind. Adler war der unruhigere Geist, der auch mehr tun wollte, der auch mehr auf eine breitere Anwendung aus war – Freud hat sich ja im großen und ganzen darauf beschränkt, zu sagen: Ich will zwar lehren, ich will aufzeigen, aber ich will im Grunde genommen die einzelnen Menschen über das belehren, was sie sich selber sagen können. Adler war in stärkerem Maße bemüht, auch den Lehrern zu sagen, wie sie mit Kindern umgehen sollen. Das Sicherheitsbedürfnis und das Machtbedürfnis gibt es auch bei Freud. Freud-Schüler haben dann die drei großen Entwicklungsphasen postuliert: daß das Kind zuerst ein passives Wesen ist, scheinbar passiv, abhängig von den anderen, worauf die Phase der Aktivität, in der das Kind unter anderem auch die Ausscheidung kontrollieren lernt, folgt ...

Kreuzer: Von der passiven „oralen“ zur aktiven „analen“ Phase ...

Toman: ... und schließlich die Phase früher Sexualität. Das war das Schockierende für die Öffentlichkeit, daß Freud das behauptet hat, aber jeder, der mit Kindern zu tun hatte und jeder, der sich an seine eigene Kindheit erinnerte, mußte zugeben, daß ein gewisses sexuelles Interesse in dieser Zeit entstanden war, daß dieses aber gleich kontrolliert und durch elterliche Autorität im Zaum gehalten worden war. Die Drei-Phasen-Auffassung vernachlässigte allerdings zunächst das, was nachher kommt.

Kreuzer: Das heißt: Alfred Adler brachte die wichtigste, jedenfalls eine sehr wichtige Weiterentwicklung der Freudschen Lehre in Richtung Erweiterung bezüglich der größeren Gemeinschaft – also weg von der ursprünglichen Vorstellung, daß alle tiefenpsychologische Problematik in den allerersten Lebensmonaten und -jahren wurzle, in der Relation Vater-Mutter-Kind, in der oral-anal-sexuellen Problematik, hin zur Überlegung, daß es immer größere Gruppenbereiche und soziale Bereiche sind, die die seelische Entwicklung mitbestimmen. Vorwegnehmend Ihr eigener Denkweg, und Ihre Hauptarbeit geht ja in dieser Richtung weiter: Die Erhellung der „Familienkonstellationen", insbesondere der Geschwisterkonstellationen, für den menschlichen Charakter ist in diesem Sinn ein Weiterdenken in der Adlerschen Richtung ...

Toman: **Ja, von Freud kommend und motiviert durch den Mangel an konkreten Daten in den Fallbesprechungen über Therapiefälle, muß ich dazu sagen: Das war und ist das Problem der Freudschen Analyse. Freud führt etwa einen Fabrikdirektor, der zu ihm in die Behandlung kommt, auf seine Kindheit zurück und läßt ihn alles von der Warte seiner Kindheit aus sehen. Und das, was in der Schule gewesen ist, was an der Universität gewesen ist, was in der Jugendgruppe gewesen ist, ist weniger bedeutsam. Nun ist es zwar eine haltbare These, daß die frühesten Erfahrungen diejenigen sind, die am weitesten wirken und am nachhaltigsten wirken ...**

Kreuzer: ... weil sie am tiefsten sitzen.

Toman: **... aber sie sind die unartikulierteren. Man kann über die späteren Erfahrungen unter Umständen bessere Rückschlüsse auf die früheren Erfahrungen ziehen, und letzten Endes muß der Fabrikdirektor auch wieder in seiner Fabrik und in seiner Familie intakt sein. Er hat nichts davon, wenn er zu tief und zu lange und zu gründlich in die Kindheit regrediert, wenn er sich sozusagen nur mehr als ehemaliges Kind sieht.**

Kreuzer: Am Ende ist er ein gesundes Baby ...

Toman: **Oder er muß dann sagen: Ich muß jetzt ein, zwei Jahre pausieren, ich bin für die Arbeit nicht geeignet; oder er muß sagen: Diese Therapie bringt mir nichts mehr, ich muß wieder zur Arbeit zurück, auch wenn ich nicht alles gelöst habe. Vielleicht löst sich auch noch manches von selbst.**

Der Archetypus – unbewußtes Erbe der Menschheit

Kreuzer: Herr Professor, wir werden an der Stelle fortsetzen, wenn wir zu Ihrem eigentlichen Lebenswerk kommen. Vorerst noch weiter zu einer Übersicht über die Schulen der Psychoanalyse: Als nächstes zählt man in der Psychoanalyse die schon erwähnte Jungsche Richtung auf. Vermute ich richtig, daß in der Jungschen Richtung, wenn auch noch ganz in der Sprache und in der Denkweise eben dieser relativ dunklen Freudschen Wissenschaft, ins Mythologische hinüber, eine sehr große zusätzliche Entdeckung gemacht wurde, nämlich daß das Unterbewußte, das Unbewußte, das Tiefe nicht nur eine Angelegenheit des einzelnen ist, also nicht nur ontogenetischen Charakter hat, sondern daß hier gemeinsame frühe Erlebnisse der *Menschheit* eine Rolle spielen: Sie werden noch ganz unbiologisch Archetypen genannt, sind aber die Vorwegnahme der Ergebnisse späterer Verhaltensforschung, Hirnphysiologie, Evolutionstheorie. Hirnphysiologisch gesehen: Die Zeitvertikale in unserem Hirn läßt ohne weiteres erkennen, daß sich hier Bewußtsein tragendes Neuhirn und „archetypisches" Althirn wie eins zu zehn verhalten.

Toman: **So hat es Jung aber noch nicht gesehen: Jung hat auch sicherlich manches von dem, was er als Archetypus bezeichnete, falsch eingeschätzt. Lassen Sie mich ein Beispiel geben. Jung sagt etwa: Diese Tochter kommt mit ihrem Vater nicht aus, weil sie ein archetypisches Vaterbild in sich trägt – das Bild eines starken, mächtigen Vaters, der auch poltert und zürnt. Der tatsächliche Vater aber ist ein sanfter, freundlicher, gütiger Vater. Und somit hat sie ein Problem.**

Kreuzer: Aber wo sie dieses Vaterbild herhaben soll, darüber hat sich Jung verhältnismäßig wenig Gedanken gemacht.

Toman: **Er meinte, so etwas gibt es, und das ist der Archetypus. Wenn ein Vater sozusagen den Erwartungen, die ein Kind vom Vater hat, nicht entspricht, dann hat das Kind einen abweichenden Archetypus von Vater. Das kann man freilich auch anders erklären: Man kann etwa herausfinden, daß vielleicht ein Großvater oder ein Onkel in** der Familie dem Kind Erfahrungen gegeben haben, die ein Problemverhältnis zum Vater bewirken; es kann sein, daß die Mutter selber dem Kind ein Vaterbild vermittelt hat, das ihrem Vater entspricht, aber nicht dem Mann. Da hat Jung sozusagen ein bißchen zu früh den Deus ex machina Archetypus eingeführt. Er hat aber in vielen Bereichen sicherlich etwas Wichtiges erkannt: das archetypische Erlebnis etwa, wenn wir einen alten Mann mit weißem Bart und weißen Kleidern sehen, und er erscheint uns unwillkürlich als ein Großvater oder als der liebe Gott. Oder wenn wir eine Frau in wallenden Kleidern sehen und an eine Mutter denken. Der erhabene Berg, das unheimliche Gewitter, das ewige Eis beeindrucken uns ganz unmittelbar.

Erfahrene Gespenster, ererbte Gespenster

Kreuzer: Nun, nach einem halben Jahrhundert Verhaltensforschung und biologischer Forschung in dieser Richtung besteht kein Zweifel mehr, daß sich der bewußt erlebte Teil unseres Ich zum unbewußten ebenso verhält wie die Spitze des Eisberges zum unsichtbaren Teil. Das war bei Jung gedanklich vorweggenommen, aber wissenschaftlich nicht ausgearbeitet. Daß zum Beispiel die Angst, mit der wir es in der Psychoanalyse vorwiegend zu tun haben, zwar zweifellos, wie nach Freud, mit Verdrängungen, mit verschiedensten frühkindlichen Erlebnissen zu tun haben kann, daß es aber auch eine ganz einfache Urangst gibt, zum Beispiel die Gespensterfurcht – als Rest der warnenden Instinkte aus der Tertiärzeit zu verstehen, als man Nachtraubtiere mit gutem Grund zu fürchten hatte. Eine solche realistisch-biologische, evolutionstheoretisch plausible Erklärung ist durch die Jungschen Archetypen angesprochen, aber wissenschaftlich noch nicht in die richtige Relation gebracht worden.

Toman: **Daß Furcht vor Nacht etwas Derartiges ist, ist klar. Es ist die Furcht vor Gefahren in der Nacht. Sie ist archetypisch vorgegeben, ebenso wie die Angst vor dem Schwanken des Bodens unter uns ...**

Kreuzer: Alle Unsicherheiten, alle Fremdheitserlebnisse.

Toman: Daß wir Vorstellungen über Geister entwickeln, und welcher Art die sind, das, würde ich sagen, ist stark mit Erfahrung durchtränkt und in der Ontogenese immer als Eindruck nachweisbar, den man entweder durch erzählte Mythen oder dadurch bekommen hat, daß man konkret erschreckende Erfahrungen gemacht hat: In der Nacht ist einmal jemand vorbeigekommen, und die Eltern haben Angst gehabt. In all den Geschichten, in denen solche scheinbar biologischen Urängste auftauchen, sind die konkreten Erfahrungen meist nachweisbar. Das ist die Erfahrung der Analyse.

Kreuzer: Aber wenn Jung nun vermutet hat, es gäbe *ererbte* Ängste ...

Toman: Angstauslöser ...

Kreuzer: ... gesamtmenschliche Erfahrungen, also nicht aus dem einzelnen menschlichen Leben, sondern aus der Geschichte der Menschheit oder der Vormenschheit stammende, also phylogenetisch erworbene Erwartungen, so wird das durch die moderne Verhaltensforschung – Lorenz und so weiter – doch auf das konkreteste bestätigt. Denn, um zur Angst zurückzukommen: Fürchtet sich ein frischgeborenes Küken ganz konkret vor einer am Plafond laufenden Fliege, weil sie das Bild des Raubvogels präsentiert, kann dieses Küken noch nicht die Spur einer Erfahrung mit Raubvögeln haben. Und warum sollen, was für Küken selbstverständlich ist an Mitgegebenem der Art, warum sollen einem Menschen aus seiner menschlichen Phylogenese nicht Ängste, Unsicherheiten, kognitive Problemstellungen ohne die geringste individuelle Erfahrungsspur mitgegeben sein, die dann durchaus das sind, was Jung über Freud hinaus als Archetypen, als phylogenetische Tiefe der menschlichen Seele vermutet hat?

Das Menschenbaby als Embryo außerhalb des Mutterleibes

Toman: In dem Sinne hat Jung sicher einen wichtigen Beitrag geleistet. Man soll aber nicht unterschätzen, in welchem Ausmaß dem Menschenkind eine Erfahrungsphase, die das ganze erste Lebensjahr dauert, zugeordnet ist, bevor es sich selbst vom Ort zu bewegen anfängt. Ein Küken muß sofort laufen. Sobald es aus dem Ei geschlüpft ist, muß es laufen und schon achtgeben. Kleine Chamäleons können mit der Zunge auf kleine Punkte, die sich bewegen, losschießen, obwohl sie gerade erst zwei Stunden alt sind. Ein Kind aber muß eigentlich nur liegen und erst einmal seine Sinnesorgane kennenlernen im Laufe von fünf, sechs Monaten ...

Kreuzer: Dieser Umstand ist lange nach Jung mit dem Begriff des „extra-uterinen Frühjahres" erklärt worden, begründet mit der verkürzten Tragezeit des Menschen, der evolutionstheoretisch eigentlich sechzehn oder achtzehn Monate ausgetragen werden müßte, was wegen der Größe seines Schädels nicht möglich ist. Der Mensch kommt also in diesem Sinne als Embryo auf die Welt, als „unechter Nesthocker".

Toman: Und muß dann seinen eigenen Körper kennenlernen, Hunderte und Tausende von Koordinationen lernen; das Baby lernt zum Beispiel seine Hände kennen, indem es sie zuerst in den Mund nimmt, dann schaut es sie an, dann machen die Hände vielleicht auch ein Geräusch. Allmählich entdeckt es: Das ist *meine* Hand. Das ist etwas, was mir nähersteht als irgendein Ast, der vielleicht in der Nähe ist. Da muß man achtgeben, daß man das, was die Tiere tun können und was die vergleichenden Verhaltensforscher beschreiben, nicht mit dem verwechselt, was die Menschen tun. Bei den Menschen spielen solche Instinkte gewiß auch eine Rolle. Ein Kind kann man sofort zum Weinen bringen, indem man es trägt und dann fallen läßt und wieder auffängt. Ohne daß es verletzt wird, erschrickt es. Später lernen Kinder, daran Spaß zu finden — in der Bewältigung dieser ursprünglichen Angst: Da wollen sie fallen gelassen werden, wenn man sie nur auffängt. Das ist dann ein Spiel, in das ein Kind einen Erwachsenen so hineinlocken kann wie ein Hund, der immer wieder ein Holz geworfen haben möchte. Also ich würde meinen, daß diese Instinkte oder die „patterns", die Erlebnismuster, zwar da sind, daß aber die Modifikation in diesem spezifisch humanen ersten Lebensjahr eine große

Rolle spielt. Das Kind reagiert auf jede sehr starke sinnliche Veränderung, gleichgültig in welchem Sinnesgebiet, vorerst mit Schreien und Schreck. Wenn es ganz plötzlich sehr hell wird, wenn es plötzlich dunkel wird, wenn es knallt, wenn plötzlich eine heiße Stelle gespürt wird. Das alles sind angeborene Auslöser. Das ist aber sehr allgemein definiert: Es gibt keine visuellen „patterns", wie sie ein frischgeschlüpfter Vogel braucht.

Kreuzer: Aus der vergleichenden Verhaltensforschung wissen wir, daß die Verknüpfung des Angeborenen mit dem Erworbenen die sogenannte „Prägung" ist. In Prägephasen wird das Angeborene durch ersten Gebrauch, durch erste Erfahrung aktiviert, festgelegt. Wenn man nun davon ausgeht, daß der Mensch sechs oder acht oder neun Monate seiner embryonalen Zeit außerhalb des Mutterleibes erlebt, heißt es, daß seine Phase des Prägens von Angeborenem in ganz besonderer Weise verläuft, anders als beim Tier.

Toman: Ja, ja. Vor allem ist zu sagen, daß wahrscheinlich eine wesentlich größere Variabilität des Antwortens auf Reize entsteht. Das Kind spielt sich sozusagen mit den verschiedenen Reizmöglichkeiten, mit bewegten „patterns", lernt sie kennen, lernt, daß die Figuren nicht still sind, daß man ihnen aber trotzdem vertrauen kann. Man muß sich vorstellen, wie ein Kind zum Beispiel das Gesicht seiner Mutter erlernt und wie viele Darbietungen des Gesichts der Mutter in verschiedenen Stimmungen es braucht, bis es Lachen oder Weinen unterscheiden kann. Da ist keine einfache Lösung und kein Patentprogramm dafür, was es tun soll, sondern das Kind stimmt sich allmählich ein. Mit fünf, sechs Monaten kann ein Kind dann schon merken: Die Mutter tut jetzt nur so, als würde sie lachen, eigentlich ist sie ein bißchen verärgert ...

Kreuzer: Man muß aber doch davon ausgehen, daß diese Grunderlebnisse, zum Beispiel „Gesicht der Mutter", schon als Erwartungen im Kind vorhanden sind. Die wichtigste dieser Erwartungen, dieser Vorfestlegungen, die Sprache, liegt wohl als Potentialität, als Vermögen, vor und wird zweifellos nicht *gelernt,* sondern *aktiviert.*

Toman: **Das ist klar. Man kann sagen: Auch das Gesicht ist ein Schema, das Gesicht ist ein auslösendes Schema. Aber da würde ich vermuten, daß das Auslöseschema nur insofern besteht, als man die Figur, die immer da ist, die sich dem eigenen Gesicht am nächsten bewegt, erwartet, als Fixierungspunkte erwartet; daraus ergibt sich dann der Augenkontakt, der Blickkontakt. Das ist ein Grundverhalten, und dabei kommt dann das „Gesicht" heraus. Es wird also wahrscheinlich auch das Schema selber erst aufgebaut und gelernt.**

Kreuzer: Ich möchte Sie von Jung her nicht in die komplette Verhaltensforschung hineinlocken. Der Sinn meiner Erwägung war die Feststellung, daß in der Jungschen Richtung der Psychoanalyse durch die Einführung des Begriffs der Archetypen bereits viel Verhaltensforschung vorweggenommen war.

Toman: **Sicherlich. Vieles, was die Tiefenpsychologen beschäftigt, ist schon bei der Geburt oder vor der Geburt da. Man kann nicht sagen, wieviel es ist. Der Mensch überlagert das durch eine Baumkrone von Erfahrung. Die Grundtendenzen, die Grundparadigmen, die phylogenetisch angeboren sind, sind wahrscheinlich abzählbar.**

Was „von unten" drängt, was „von oben" zieht

Kreuzer: Um jetzt die wichtigsten Hauptäste der Entwicklung der Psychoanalyse weiterzuführen: Im Wiener Raum spielt Frankl eine bedeutende Rolle. Ich möchte jetzt keine Wertungen vornehmen und Sie auch nicht dazu herausfordern, zu urteilen, ob das nun wirklich eine vierte, fünfte Richtung ...

Toman: **Schule ...**

Kreuzer: ... Schule der Psychoanalyse oder Schule ganz eigener Art ist. Frankl verhält sich zu Freud in einer ganz anderen Weise als etwa Adler oder Jung – nicht weiterführend wie Adler, nicht in gewisser Weise vertiefend wie Jung, sondern im Prinzip strikt widersprechend. Nicht das, was „von unten" *drängt,* ist für ihn von Bedeutung, sondern das, was „von oben“ *zieht.* Es geht um den Sinn, der nicht aus den Wurzeln kommt, sondern als Ziel des Wachsens irgendwo über den Wipfeln zu vermuten ist. Wir haben es gesprächsweise den Versuch genannt, die Psychoanalyse von ihrer panischen, dionysischen auf ihre apollinische Seite zu drehen, eine Wende, die aber schon von Alfred Adler vorgegeben ist.

Toman: **In einem gewissen Sinne trifft das zu. Es kommt darauf an, in welchem Kontext man diese theoretischen Modelle sieht. Ich kenne Psychoanalytiker, die mit den psychoanalytischen Modellen im Laufe ihres Älterwerdens und Erfahrenerwerdens eben unzufrieden geworden sind. Einer dieser Psychoanalytiker ist zum Beispiel Kohut, der dann auch plötzlich mit „Sinn“ und mit dem „Selbst und dessen eigentlicher Bestimmung“ angefangen hat. Frankl fordert dem Patienten sozusagen den Sinn ab; der Patient soll den Sinn suchen. Das ist ganz gegen die psychoanalytische Position ...**

Kreuzer: Er schürft nicht in seiner ontogenetischen und phylogenetischen Vergangenheit, um etwas herauszubringen, was verborgen ist, sondern er läßt das Verborgene im Dunkel liegen und sucht ihm ein Ziel oben, im Hellen.

Toman: **Nur ist es gewiß zuwenig, wenn der Patient sagt: Na ja, so ein Ziel wäre schön. Man kann von einem Menschen nur dann sagen, daß er etwas wirklich möchte, wenn er es tatsächlich tut. Das, was er sich vornimmt, von dem kann ich nicht sicher sagen, daß er es tun wird. Aber das, was er getan hat, das wollte er tun, und ich glaube, das ist auch die Position der Psychoanalyse. Auch Freud hatte natürlich mit Sinnkrisen zu tun, das ist klar. Einer Frau gefällt es nicht mehr bei ihrem Mann. Der Mann ist so kalt oder so grob, und die Kinder läßt er nur ihr, und sie darf überhaupt keine Gesellschaft haben und so weiter. Das ist eine Sinnkrise. Die analytische Position wäre nun: Suchen wir heraus, wie das denn gekommen ist. Warum hat sie sich das solange gefallen lassen? Was hat sie denn wollen, was hat sie angestrebt? Dabei kommt man in die Vergangenheit. Wenn ich nur prüfe: Was phantasiert sich diese Frau zusammen, was möchte sie, und in welcher Richtung kann ich diese Phantasien lenken?, ist es vielleicht unzu-**

reichend oder oberflächlich. Diejenigen, die wirkliche Probleme haben und den Therapeuten aufsuchen, bei denen kommt man um die Studie der vergangenen Bedingungen und der Schwierigkeiten nicht herum, aber man sucht sie nicht unbedingt, sie kommen von selber. Bei Frankl habe ich den Verdacht, daß er, selbst wenn er Gelegenheiten hat, solche Dinge aufzugreifen, sie ignoriert.

Kreuzer: ... weil er sich, zum Unterschied von anderen Schülern, Nachfolgern Freuds, eigentlich doch als Antipode versteht, als einen Umkehrer der Methode. — Soweit der Versuch einer Übersicht. Habe ich etwas ganz Wesentliches vergessen? Ist neben oder nach den erwähnten Schulen — auf Sie kommen wir sofort zurück — noch die eine oder andere Richtung zu erwähnen, die man von Europa aus oder von Wien aus nicht richtig sieht?

Toman: **Ich würde meinen, daß eine Gruppe der sogenannten Neo-Freudianer interessant ist ...**

Kreuzer: Die den Stamm fortsetzen ...

Toman: **Ja, aber sie erinnern auch an Adler. Es geht um die Kultur, Kultur als Produkt der instinktiven Bemühungen in der Entwicklung des Menschen, zugleich aber auch als starker Einflußfaktor – nicht alles ist instinktiv – das ist das Argument von Erich Fromm oder Karen Horney. Von dieser Gruppe, würde ich sagen, ist in Deutschland Harald Schultz-Hencke der gründlichste Therapeut, der gründlichste Forscher, in den Vereinigten Staaten Sullivan. Die gehören also auch dazu. Frankl würde ich zur Gruppe der Existenzanalytiker zählen, bei denen es wahrscheinlich manchmal oder streckenweise im therapeutischen Umgang nicht viele Unterschiede gibt. Die traditionelle analytische Position besteht darin, sich mit einer Minimal-Metaphysik zu begnügen und nicht zu lehren, sondern dem Patienten zu helfen, seine Lehren aus der eigenen Erfahrung zu ziehen, während der Existenzanalytiker nicht davor zurückscheut, Aufgaben zu stellen oder zum Beispiel die sogenannte „paradoxe Intention" zu empfehlen: Wenn alles nichts hilft, dann machen wir einmal das Gegenteil.**

Kreuzer: Um ein Beispiel für „paradoxe Intention" zu nennen: Wenn ich eine Schmutzphobie habe, bekämpfe ich sie, indem ich beide Hände absichtlich in Schmutz stecke ...

Toman: **Oder ich fürchte mich vor Menschen, kann Menschen oder Menschenansammlungen nicht leiden: Jetzt erhalte ich vom Therapeuten die Instruktion, möglichst große Menschenansammlungen aufzusuchen und zu schauen, was passiert.**

Kreuzer: Wie Frankl als Beispiel anführt: Als Behandlung gegen Impotenz vierzehntägiges Verbot, mit der eigenen Frau zu verkehren. Dann geht's auf einmal. Frankl zitiert Kierkegaard: Die Tür zum Glück geht nach außen auf. Aber sind wir hier nicht in der Verhaltenstherapie? Wenn wir Schulen und Richtungen der Psychoanalyse durchgehen, steht ihnen – nicht mehr dazugehörig, sondern aus einer ganz anderen Denkrichtung kommend – nicht die Verhaltenstherapie gegenüber?

Der Arzt als Zuhörer oder Trainer

Toman: **Ich würde sagen, das ist ein anderer Ansatz, obwohl er strukturelle Ähnlichkeiten hat. Zur Verhaltenstherapie gehört unter anderem etwa die Massierung eines Symptoms, das lästig ist. Wenn ich immer wieder „ticke", muß ich jetzt mit Absicht so lange „ticken", bis ich müde bin, bis ich nicht mehr „ticken" kann.**

Kreuzer: In der Verhaltenstherapie geht es doch um das Andressieren oder Abdressieren von Verhalten, ohne viel Interesse, woher es kommt, ob es ontogenetisch oder phylogenetisch begründet ist, ohne viel Vermutung, was der Sinn sein mag; das einfache Andressieren und Abdressieren des krankhaften oder störenden oder unerwünschten Verhaltens. Das spielt auch in die Franklsche Therapie hinein, es gibt ja hier keine scharfe Grenze.

Toman: **Frankl würde sich nicht als Verhaltenstherapeut bezeichnen, aber er verwendet Kniffe der Verhaltenstherapie. Die Verhaltenstherapie ist zum Teil raffinierter, hat aber andererseits manches so einfach und banal gemacht, daß auch jemand, der nicht viel von Psychologie versteht, als Therapeut tätig werden kann. Eine** simple verhaltenstherapeutische Methode ist etwa das Entbehren. Ich unterdrücke ein Symptom, um die Angst stärker zu erleben. Wenn ich zum Beispiel immer „ticken", also mit dem Kopf wackeln muß, halte ich den „Tick" zurück und prüfe, wie lange ich es aushalten kann, nicht zu „ticken". Die Verhaltenstherapie hat sich in den letzten Jahren aber stark geändert. Es ist eine kognitive Verhaltenstherapie entstanden, die viel mehr das einbezieht, was sich die Menschen dabei denken. Darüber hinaus haben sich auch Anamnesen am Anfang einer solchen Verhaltenstherapie eingebürgert, die bis zu drei Stunden dauern. Es wird also drei Stunden im Grunde genommen mit analyseähnlicher Ausrichtung erkundet.

Kreuzer: Kann man – womit ich dieses Übersichtskapitel schließen möchte – vereinfacht sagen, daß sich sowohl die psychoanalytischen Schulen wie die ihr ursprünglich entgegengesetzten verhaltenstherapeutischen Schulen in den Methoden annähern, überlappen, daß hier in der Praxis durchaus kombinierte therapeutische Systeme entstehen, daß wir also gar nicht von ganz scharfen Schulgrenzen reden können?

Toman: **Man könnte sagen: Tiefenpsychologen im allgemeinen, egal welcher Schule, Freud, Adler, Jung, hören lange genug zu, während andere Richtungen rasch tätig werden wollen ...**

Kreuzer: Sie sehen sich in der Trainerrolle ...

Toman: **Ja, und das reflektiert zum Teil die Ungeduld des Therapeuten oder das noch nicht ausreichende Verständnis dessen, worum es da geht.**

Konstellationen im Planetensystem Familie

Kreuzer: Nach dieser umfassenden Herleitung zu Ihrer eigenen Position – im Prinzip heißt sie: Weiterarbeit in der Adlerschen Richtung, Erweiterung der Psychoanalyse aus der Beziehung Kind-Vater-Mutter insbesondere in die Beziehungen zu den Geschwistern. Das Stichwort für ihre wichtigsten Bücher sind ja die „Familienkonstellationen".

Das ist Ihre spezifische Leistung, unter diesem Stichwort sind Sie bekannt.

Toman: Ja. Vielleicht sollte ich ganz kurz sagen, wie ich auf diese Thematik aufmerksam geworden bin. Ich war schon als Therapeut tätig, habe an „Fallkonferenzen" teilgenommen. Da wurde beispielsweise von einem Patienten gesprochen, der homosexuell war, weil er eine übermächtige Mutter hatte. Sie hatte ihn gewaltsam gefüttert, sie hatte ihn dann gewaltsam wieder abgesetzt und so weiter. Meine Frage war: Warum war die *Mutter* so? Sie war eine Frau, die selber zwei jüngere Brüder hatte, einen schwachen Vater und die von der Mutter angehalten wurde, den Jungen zu zeigen, daß die Frauen stark sind. Sie hat also selber ein Problem mit *ihrer* Mutter gehabt.

Kreuzer: Sie war schon immer Mutter, schon immer eine „starke" Mutter.

Toman: Sie hat schon immer Mutter sein müssen, eine strenge Mutter, und dann mußte sie die Männer kleinmachen. „Ihr seid kleine Buberln, ihr könnt nie erwachsen werden", das etwa war, obwohl sie dann geheiratet hat, die Botschaft dieser Frau. Die Ehe verlief im selben Stil, und den Sohn hat sie in das gleiche Muster hineingedrängt. Auf jeden Fall hat sich dann ergeben: Zu einer Familie gehören Vater, Mutter und in der Mehrzahl aller Fälle Geschwister. Etwa achtzig Prozent oder 75 Prozent aller Menschen haben Geschwister beziehungsweise haben Geschwister gehabt. Das ergibt eine Fülle von Kombinationsmöglichkeiten: Habe ich zum Beispiel Eltern, die miteinander glücklich sind, und sie haben zwei Kinder, dann können das zwei Jungen, zwei Mädchen oder ein Junge und ein Mädchen oder ein Mädchen und ein Junge sein. Und in jedem Fall ist die Familiensituation eine andere.

Glücksfall: Hänsel und Gretel

Kreuzer: Da ergibt sich eine reiche Fülle von Permutationen. Sie haben das auch in mathematischer Weise festgehalten: Starker Vater, schwache Mutter – und umgekehrt. Älterer

Vater, jüngere Mutter — und umgekehrt. Wie viele Kinder? Wie viele Mädchen? Wie viele Buben? Welche älter, welche jünger? — Das heißt, ein Kind kann in einer beinahe unendlichen Anzahl von Konstellationen drin sein. Abschneiderfrage: Was ist eigentlich die allergünstigste, und was sind die allerproblematischesten Konstellationen? Wenn ich richtig verstanden habe, ist es vorteilhaft, der ältere Bruder einer etwas jüngeren Schwester zu sein — also Nummer eins in einem Geschwisterpaar, einem Pärchen, das das Elternpaar sozusagen nacherlebt: Hänsel und Gretel.

Toman: **Das wäre am einfachsten. Auch das Umgekehrte wäre noch günstig. Zuerst ein Mädchen und dann ein Junge, obwohl dann das Mädchen eben die Führende oder die Verantwortlichere sein wird. Man muß dazu bemerken: Im Durchschnitt sind die Kinder etwa drei Jahre auseinander. Drei bis vier Jahre ist der durchschnittliche Altersabstand von Geschwistern in Familien mit geringer Kinderzahl. Das ältere Kind hat dann schon drei oder vier Jahre als „Einzelkind" gelebt, bevor ein jüngeres Kind nachkommt, und es ist auf jeden Fall dem jüngeren Kind in vielerlei Hinsicht überlegen, wird auch von den Eltern dazu verdonnert, für das jüngere Kind Verantwortung zu übernehmen. So geht das dann weiter. Da kommt ein kleines Würmchen als neues Kind hinzu, das ältere Kind ist unendlich überlegen, aber der Überlegenheitsabstand verringert sich.**

Kreuzer: Zuerst einmal wird es dadurch gestört und gewöhnt sich erst langsam ...

Toman: **Zunächst einmal ist immer Eifersucht auf das neu angekommene Kind erkennbar. Selbst dort, wo Kinder süßlich tun oder völlig vorbereitet sind: Irgendwie ist der Neuankömmling doch einmal ärgerlich.**

Nicht leicht, ein Zwilling zu sein

Kreuzer: Was der Neuankömmling in gewisser Weise auch zu spüren bekommt.

Toman: **Richtig. Das ist unvermeidlich.**

Kreuzer: Bewußt und unbewußt.

Toman: Ja. So ganz geheuer ist ihm das große Geschwister nicht, aber allmählich und unter Mitwirkung der Eltern wird es eine harmonischere Beziehung, wobei es für Kinder leichter ist, einen Altersabstand von drei oder vier Jahren als einen Abstand von ein oder zwei Jahren aufzuarbeiten. Wenn die Kinder nur ein oder zwei Jahre auseinander sind, werden sie miteinander verkettet, dann ist das jüngere Kind dem älteren Kind sozusagen zu früh in die Quere gekommen.

Kreuzer: Was bedeutet, daß Zwillinge oder auch noch eineiige Zwillinge in eine besondere Problemsituation geraten ...

Toman: ... in eine besondere Problematik kommen – aber nur ein Prozent aller Geburten sind Zwillinge. Zwillinge werden wie Geschwister erzogen, und die elterlichen Vorstellungen werden auch in die Kinder projiziert. Die Eltern machen zum Beispiel eines der Kinder, obwohl es nur eine halbe Stunde älter ist, zum „Älteren" – oder auch zum „Jüngeren". Nehmen wir an, in einem Pärchen ist das Mädchen die Ältere, der Junge der Jüngere, der Vater aber ist ein ältester Bruder und die Mutter eine jüngere Schwester. Diese Eltern können sich nicht vorstellen, daß das Mädchen die Ältere sein soll, und tendieren dazu, alles zu fördern, was dem Jungen die Verantwortung oder die Kontrolle und die Führung über sein „älteres" Schwesterchen verschafft.

Jakob, Esau und die Linsen

Kreuzer: Die verschiedenen wissenschaftlichen Richtungen, insbesondere in der Psychoanalyse, lassen sich manchmal mit Schlüssellegenden der Mythologie in Beziehung setzen. Es ist selbstverständlich, daß die Schlüssellegende für Sigmund Freud die Ödipus-Legende ist. Wenn man Ihre Lehre der Familienkonstellationen liest, kommt einem neben dem Märchen von Hänsel und Gretel die biblische Legende um das Linsengericht in den Sinn: Jakob, der Jüngere – der Gleichaltrige, wie es heißt, aber doch knapp Jüngere – listet mit Hilfe der Mutter dem älteren Esau seine Vorzugsstellung ab, indem er dessen Freßgier nutzt und ihm für ein Linsengericht das Erstgeborenenrecht abkauft. Hier sieht man, wie, biblisch verankert, die

Familienkonstellation durch die Fragen: Wer ist der erste? Wie verhält er sich zum zweiten? zum Schicksal wird.

Toman: **Wir sind immer und zu allen Zeiten in Familien aufgewachsen. Manchmal war die Großfamilie vorherrschend, manchmal die mütterlich zentrierte Familie. In der Bibel wird eine Familie gezeigt, in der es vielleicht mehrere Frauen, aber immer nur einen Vater gegeben hat. Manchmal waren es auch schon monogame Ehebeziehungen, die zu einer Zahl gemeinsamer Kinder führten. Das Musterbeispiel und der einfachste Fall einer sozusagen vollständigen Familiensituation sind ein Vater, eine Mutter und zwei Kinder. Ein einziges Kind ist um ein Kind zuwenig – zwei Kinder können miteinander umgehen.**

Kreuzer: Wir kommen damit zu diesem Ideal, zur Zweikinderfamilie – am besten ein Kinder-Pärchen – zurück. Wenn wir von Ideal sprechen, müssen wir natürlich dazu sagen: ideal in bezug auf die gesellschaftliche Konstellation. Ich könnte mir vorstellen, daß vor ein, zwei Generationen, in der eindeutig patriarchalischen Gesellschaft, das Pärchen „älterer Bruder–jüngere Schwester" besser funktioniert hat – die haben von Anfang an erlebt: Ich, der ältere Bruder, bin der kleine Vater, du, die jüngere Schwester, bist die kleine Mutter und lernst die für dein Leben nützliche Rolle vom ersten Tag deines Lebens an. Heute – in einer Welt, in der sich ein Junge darauf vorzubereiten hat, auch Hausmann zu sein – tut sich ein Pärchen vielleicht leichter, wenn der Junge das jüngere Geschwister ist.

Toman: **Richtig. Aber wahrscheinlich hätte schon vor zwei Generationen bei jemand, der selber jüngerer Bruder war und auf Brautschau ging, eine gewisse Affinität zu einer „älteren Schwester" durchgeschlagen, auch wenn seine Freunde gesagt hätten: Du, die ist zu dominant, oder: Die macht mit dir, was sie will. Sein „Instinkt" wäre dennoch auf die Suche nach der „älteren Schwester" gegangen.**

Das harte Leben des „Nesthäkchens"

Kreuzer: Das heißt nun für die Praxis der Partnerwahl und der verschiedensten gesellschaftlich oder gruppendynamisch bezogenen Schicksalswahlen: Nach diesen Motiven sucht man sich seine Frau aus, seine Freundinnen, seine Freunde. Nach solchen Konstellationen nimmt man dann gewisse Plätze in berufsbezogenen oder sportlichen Gruppen ein. Man ist also eben nicht nur durch genetisch Ererbtes, durch frühkindlich Geprägtes, sondern insbesondere durch die Phase der Geschwisterbeziehung für das Leben geprägt. Hier möchte ich die Frage nach der problematischen Konstellation wiederholen. Habe ich richtig verstanden, was das allerschlimmste ist: dominante Mutter, drei bis fünf ältere Schwestern, und man kommt als jüngstes männliches Kind, als „Nesthäkchen" – Nestscheißerl, wie man in Wien sagt –, in eine solche überdominante weibliche Familie hinein ...

Toman: **Ja, es gibt einige ungünstige Situationen. Alles ist relativ. Man kann aus allem etwas machen. Vielleicht sollte man sagen: Familienkonstellationen sind schicksalhaft, und das versuchen manche zu leugnen. Ob man ein Jüngerer oder ein Älterer ist, hat eine gewisse Bedeutung, die man nicht wegblasen kann. Aber wenn man sie kennt, kann man sich darauf einrichten. Um auf das erwähnte Beispiel einzugehen: Eltern wollen unbedingt einen Jungen, kriegen aber nur Mädchen. Schließlich haben sie fünf Mädchen, und erst das sechste Kind ist ein Junge. Da ist die Prognose für den Jungen nicht besonders gut, denn der ist so wichtig, und er hat so viele Damen über sich, die über ihn wachen, ihn beschützen müssen, ihn vielleicht auch lieben, aber trotzdem heimlich auf ihn eifersüchtig sind, daß in der Mehrzahl der Fälle nicht viel aus ihm wird. Er wird keineswegs das, was sich der Vater vorgestellt hat. Auch der absolut umgekehrte Fall kann problematisch sein: Wenn ein Junge der erste ist, und dann kommen lauter Mädchen. Zwei oder drei Mädchen nach sich haben, das geht noch, aber wenn immer mehr Mädchen kommen, wird das ein Super-älterer-Bruder für die Mädchen, der andererseits aber auch gewöhnt ist, viele Mädchen um und unter sich zu haben. Er wird entmutigt, in eine Ehebeziehung oder eine Partnerschaft mit nur einer Frau einzutreten, weil er die Vielheit und die Variation und vielleicht auch die multiple Bewunderung oder Zuneigung der vielen Mädchen so ge-**

schätzt hat. Aber generell häufiger ist etwa der Fall: Drei Jungen wachsen miteinander auf und haben keine Schwestern, oder zwei Mädchen wachsen miteinander auf und haben keine Brüder. Da tritt ein kleines Geschlechtsdefizit in der Familie ein. Die drei Jungen und der Vater zusammen haben nur eine einzige Frau, für die sie schwärmen können, und müssen sich miteinander irgendwie abfinden, werden streitsüchtiger, als es ein Junge wird, der eine Schwester hat. Bei Mädchen gilt das gleiche. Wenn zwei Mädchen mit einer Mutter aufwachsen, sind es dann drei Frauen, die um die Gunst des Vaters werben und sich miteinander in irgendeiner Weise behelfen müssen.

Wahlverwandtschaften wie Verwandtschaften

Kreuzer: Sie sprechen immer von Familienkonstellationen und führen Familien als Beispiele an. Es handelt sich aber vorwiegend oder ausschließlich um Erlebtes und nicht um Ererbtes. Hieße das, daß ähnliche Beobachtungen, wie Sie sie bei Familien machen, auch in menschlichen Gruppen gemacht werden können, die nicht blutmäßig Familien sind, das heißt: Kommen diese Konstellationen auch gegenüber Adoptivkindern, Stiefkindern und so weiter zum Tragen, und gelten sie auch in familienähnlichen Gruppierungen, etwa in Krabbelstuben oder in Kinderheimen vom Typus der Kinderdörfer, in denen Kinder sehr frühzeitig in Quasi-Familien leben? Also: Spielt hier das „Blut", die Erbkonstellation zwischen Geschwistern eine Rolle, oder ist es ein rein gruppendynamisches Modell?

Toman: **Es ist eher ein gruppendynamisches Modell. Ein Kind, das früh genug adoptiert wurde, etwa spätestens im fünften oder sechsten Lebensmonat ...**

Kreuzer: ... ist wie ein Hineingeborenes.

Toman: **Ja, ist wie ein in der Familie geborenes Kind. Wenn die Eltern nicht ein besonderes Problem haben, wird das Kind psychologisch nie merken oder nie spüren, daß es ein adoptiertes Kind ist. Es wird irgendwann einmal fragen, und es wird alles erfahren, wird sich wundern, hat aber seine volle Beziehung zu den Eltern,**

zu seinen Adoptiveltern – auch wenn es später einmal seine leibliche Mutter kennenlernen sollte. Bei Gruppen, die erst später entstehen – wenn man zum Beispiel an eine Kindergemeinschaft in einem Tagesheim denkt, ist das anders.

Kreuzer: Ich sage „Krabbelstube" deshalb, weil hier zum Unterschied vom Kindergarten die Familienkonstellation sehr, sehr früh in einer nichtfamiliären Umgebung zum Tragen kommt – ich meine Krabbelstube mit Tante und sechs krabbelnden, sechs Monate alten Kindern. Hat so eine Krabbelstube eine ähnliche Familienkonstellation wie eine wirkliche Familie, obwohl hier das Blutmäßige, das Ererbte, das Gemeinsame, die teilweise gemeinsame genetische Konstellation keine Rolle spielt?

Toman: **Wenn das so ist, daß diese Frau immer bei den Kindern bleibt und fünf gleichaltrige Kinder hat, dann hat sie Fünflinge. Das ist dann so wie bei Fünflingen. Wenn auch noch irgendeine andere Person – das muß nicht einmal ein Mann sein –, die ihr durch Arbeitsteilung hilft ...**

Kreuzer: Schichtdienst zum Beispiel ...

Toman: **Schichtdienst, ja. Oder der eine ist mehr draußen, und der andere ist mehr zu Hause: Einer geht kämpfen oder was verdienen, und der andere versorgt die Kinder und belehrt die Kinder. Bei einer solchen Teilung mit einer zweiten Person können auch völlig fremde Kinder, wenn sie nur früh genug zusammenkommen, wie Geschwister aufwachsen.**

Kreuzer: Das heißt, die Familienkonstellationen sind auch anwendbar auf Quasi-Familien. Um die Jahrhundertwende, zur Zeit der ganz großen Arbeitslosigkeit, gab es Bauern, die bis zu dreißig, vierzig Kinder, allerdings in Schichten, nacheinander, für einen Gulden im Monat als Kostkinder aufnahmen. Das war eine Familienkonstellation ganz besonderer Art. Aber wäre das in Ihrem Sinne überhaupt eine „Familienkonstellation"?

Toman: **Ja. Aber die Frage ist eben: Wie lange dauert sie, und woher kommen diese Kinder, bevor sie in diesen Ver-**

band eintreten, und wohin gehen sie nachher? Die Familie ist wirksam im Verhältnis zu der Zeit, die sie miteinander verbringt ...

Kreuzer: Je früher, desto wichtiger, je länger, desto wirksamer.

Toman: **Je früher, desto wichtiger. Kinder können Trennungen von den Eltern erst allmählich und nur in kleinen Dosen ertragen. Wenn man aber lange genug *immer* da war, kann man sich doch verhältnismäßig früh von einem Kind auch für einen Tag trennen. Ein Kind dagegen, das in seiner Sicherheit, daß es seine Eltern immer zur Hand hat, geschwächt ist, läßt auch mit vier und fünf Jahren seine Eltern nicht einmal eine Minute weg.**

Gibt es eine Glücksformel?

Kreuzer: Wenn man den mathematischen Teil Ihres Buches betrachtet, wird man ein wenig an Astrologie erinnert. In der Astrologie wird einem, ich glaube ganz und gar unwissenschaftlich, auf Grund von Sternenkonstellationen mit großer mathematischer Ausstattung das Leben vorausgesagt, oder es wird eine Rezeptur zur Lebensbewältigung angeboten. Sind Ihre Formeln, mathematisch gesehen auf sehr viel stärkerer wissenschaftlicher Basis, geeignet, Formeln für das Erklären menschlichen Lebens, menschlicher Problemkonstellationen und damit auch für die Therapie zu geben?

Toman: **In einem sehr beschränkten Maß und nicht mit absoluter Sicherheit. Ich würde übrigens unsere Quellen den astrologischen vorziehen. Man kann zum Beispiel folgendes sagen: Von zwei Kindern, zwei Geschwistern, von denen einer der Ältere und der andere der Jüngere ist, wird der Ältere eher führen, eher kontrollieren und den anderen eher verstehen wollen – der Jüngere wird eher verstanden werden wollen. Das ist also ein wichtiger Unterschied: Die Jüngeren wollen verstanden werden, Verstehen ist nicht so sehr ihr Bedürfnis. Dann wollen sie konkurrieren, wollen so gut sein wie die anderen, und sie werden es auch im Laufe der Entwicklung; und sie wollen opponieren. Sie wollen nicht** übervorteilt werden und haben am Anfang ihres Lebens sicher die Erfahrung gemacht, daß sie vom Älteren übervorteilt worden sind. Kinder, die nur mit dem gleichen Geschlecht aufgewachsen sind, tun sich schwerer mit dem anderen Geschlecht im Kindergarten, in der Schule, sind scheuer, unbeholfener. Wenn sie Jungen sind, wollen sie aus den Mädchen Jungen machen — die müssen mitraufen, dann gelten sie was, sonst gelten sie nichts. Wenn es Mädchen sind, wollen sie die Jungen zu Mädchen machen — sie fürchten sich vor den Jungen, trauen sich auch einem Jungen nur zu dritt oder viert gegenüberzutreten. Dann der Altersabstand: Von zwei Geschwistern, die sechs Jahre auseinander sind, kann man sagen, daß sie nicht sehr viel miteinander zu tun haben. Die sind keine großen Rivalen. Der Jüngere tritt nicht mehr in Konkurrenz mit den Interessen und den Bereichen des Älteren. Wenn sie dagegen einen sehr kleinen Abstand haben, kommen sie nicht voneinander los.

Kreuzer: Meine Frage bezüglich der Formeln und die Parallele zur Astrologie bezieht sich auf die Therapie. Es geht um die Frage: Wie spielt sich Familientherapie auf der Basis der Erkenntnis der Familienkonstellation ab? Beziehen Sie das Problem einer Einzelperson auf die Familie? Machen Sie sich nach Ihren Formeln so etwas wie ein „Familienkonstellations-Horoskop", ein mathematisches Formelwerk als Werkzeug für die Analyse dieses Familien- oder Personenproblems?

Toman: Dieses Modell habe ich eigentlich nur im Hintergrund. In der Praxis der Therapie kommt es überhaupt nicht zur Sprache. Das ist nicht erforderlich. Manche Familientherapeuten, die sich auf mich beziehen, lehren: Du bist eine ältere Schwester, du mußt schauen, daß du dir die Dominanz abgewöhnst; kümmere dich nicht soviel um die väterlichen Personen, tu nicht immer das, was der Chef sagt, spiel mit den anderen, sei ein bißchen aufmüpfig gegen den Chef, wenn dir die anderen dabei helfen. *Das ist Nonsens.* Das kann schon der richtige Ratschlag sein, aber ich kann ihn nicht einfach verordnen.

Freuds Ödipus-Erlebnis – Folge einer Familienkonstellation

Kreuzer: Bei Intellektuellen wird das nicht vermeidbar sein: die haben ja Ihr Buch gelesen. Bei denen kann man die Theorie nicht mehr aus dem Kopf bringen.

Toman: **Schon, aber Sie werden dann sehen, daß man sie auch wieder vergessen kann. Aber daß die Familienkonstellation wichtig ist, kann man schwer übersehen. Es kann zum Beispiel der einfache Umstand, daß der Vater fünfzehn Jahre älter ist als die Mutter, für den Ältesten von zwei Kindern sehr wichtig sein. Für diesen Ältesten von zweien – nehmen wir an, es sind zwei Jungen – ist dann der Vater vielleicht ein bißchen zu alt und die Mutter eher eine ödipale Versuchungsperson. So war es übrigens – Analyse in der Analyse – auch bei Sigmund Freud. Freud hat sich ja unter anderem deswegen mit der Mutter als Geliebter befaßt, weil seine Mutter fünfundzwanzig Jahre jünger war als sein Vater. Sein Vater war zum zweiten Mal verheiratet, Freud der Älteste der zweiten Kindergeneration, und die Kinder, die Freuds Vater aus der ersten Ehe mitgebracht hatte, standen im Alter der Mutter, hätten also die Liebhaber der Mutter sein können.**

Kreuzer: Diese Analysierbarkeit des Sigmund Freud durch die Theorie der Familienkonstellation zeigt, daß die Theorie der Familienkonstellation eine allgemeine Theorie zur spezifischen Freudschen Theorie ist, der man die Freudsche subsumieren kann: Die Freudschen Konstellationen sind somit spezifische Familienkonstellationen.

Toman: **Die Familienkonstellationstheorie beachtet Realitäten, die es dem Therapeuten und auch dem Diagnostiker ermöglichen, gewisse Vorerwartungen zu entwickeln über das, was da kommen könnte, wenn jemand über seine Familie zu sprechen beginnt. Aber man muß vorsichtig sein: Die allgemeinen Erwartungen, die sich aus dem Familienkonstellationsmodell etwa für die Charaktere der Personen, für die Beziehungen zu anderen Personen ergeben, treffen nur in etwa vier von fünf Fällen zu. Im fünften Fall treffen sie nicht zu. Da spielt dann irgend etwas anderes sehr Dominantes eine Rolle. Bei**

Esau und Jakob – um noch einmal darauf zurückzukommen – ist vor allem maßgebend, daß Jakob wahrscheinlich der viel Intelligentere war, vielleicht auch der Hübschere – vielleicht hat ihn die Mutter auch mehr geliebt. Ob er nun das Erstgeburtsrecht gekauft hat oder nicht, er hätte den älteren Bruder auf jeden Fall in die Tasche gesteckt ...

Gescheiter überholt Älter

Kreuzer: Das heißt, das biblische Ablisten des Erstgeburtsrechtes ist eine Metapher für das intellektuelle Überholen des älteren Bruders.

Toman: **Ja, ich deute das so. Nehmen wir an, wir haben zwei Schwestern: Die Ältere ist von durchschnittlicher Intelligenz, und die Jüngere ist von Superintelligenz. Sie sind drei Jahre auseinander. Wenn die Ältere vier ist, ist die sehr intelligente Jüngere ein Jahr alt, und die Ältere kann mit der Jüngeren immer noch machen, was sie will. Es dauert etwa bis zum siebenten beziehungsweise vierten Lebensjahr, ehe die Jüngere nun manchmal die Ältere zu überlisten beginnt. Es wird wahrscheinlich bis zum fünfzehnten beziehungsweise zwölften Lebensjahr dauern, bis sich herausstellt, daß die Jüngere die Ältere einsteckt. Vielleicht kommt der Älteren dann gerade zu Hilfe, daß sie nun früher Frau wird als die Jüngere und damit wieder einen Vorsprung hat. Es dauert lange, aber das „Überholen" ist möglich. Die Intelligenz von Geschwistern ist unabhängig von der Geschwisterposition.**

Die Familie auf der Couch

Kreuzer: Ich habe mit meiner Horoskopfrage eigentlich nur zum Ausdruck bringen wollen, daß der mathematische Teil Ihrer Theorie zweifellos dazu da ist, das alles wissenschaftlich zu untermauern oder auszustatten, nicht aber als praktizierbares Formelwerk zur einfachen Anwendung verstanden werden kann. Sie können also kein „Handbuch für Familienkonstellationen" mit zwanzig Formeln schreiben, mit denen jeder, der sie versteht, jede denkbare Familienkonstellation analysieren oder gar behandeln kann.

Toman: **Nein, nein. Das ist viel zu kompliziert. Nehmen wir an, die Frau ist älter als der Mann – das ist nur in fünfzehn Prozent der Familien der Fall, meistens ist der Mann älter als die Frau. Ob nun ein Altersunterschied der Frau gegenüber dem Mann von einem Jahr oder von drei Jahren wirklich als ein Altersunterschied interpretiert wird, ist aber nicht sicher. Ich kenne Familien, in denen der Mann drei Jahre jünger ist, aber in der Familie den Älteren spielt. Die Frau ist das „kleine Mädchen".**

Kreuzer: Das heißt also, auch mit den Formeln Ihres Buches in der Hand bleibt Analyse, bleibt Therapie eine ärztliche Kunst. Darf ich hier um ein Beispiel bitten? Was ist denn die typische Familientherapie auf der Basis Ihrer Lehre? Eher die Behandlung von Einzelpersonen, denen man hilft, indem man ihre Familienkonstellation erkennbar macht, oder die Behandlung ganzer Familien?

Toman: **Beides ist möglich. Die Familientherapie ist eine sehr schwierige Therapie, die erst 1958/59 entstanden ist, aber jede Kindertherapie und sogar die Einzeltherapie von Erwachsenen ist im Grunde genommen eine Auseinandersetzung mit der Familie des Patienten.**

Kreuzer: So ist das also auch schon gewesen, ehe man es erkannt hat ...

Anna Freud als Therapie-Großmutter

Toman: **In der Kindertherapie mußte man stets auch die Eltern in irgendeiner Form einbeziehen. Und da ergab sich die glückliche Idee: Wenn ich einerseits einen Therapeuten für das Kind habe, dann aber den Eltern auch noch sagen muß, wie sie sich dem Kind gegenüber verhalten sollen, damit das Kind sich ändert, kann ich das nicht besser in der Weise tun, daß ich Eltern und Kind zusammen ins Gespräch bringe? Da gibt es ein Vertrauensproblem. Wenn der gleiche Therapeut die Eltern und die Kinder getrennt empfängt, mißtraut das Kind vielleicht dem Therapeuten. Anna Freud trat, wenn** man das so sagen will, als eine Art von Großeltern-Person für das Kind auf. Für das Kind ist sie Therapeutin, für die Eltern, denen sie sagt, was sie tun sollen, eine Super-Eltern-Person. Das ist wahrscheinlich nicht optimal, aber möglich. In dem Augenblick, in dem man das als Familientherapie versucht und alle beisammen hat, geht zwar viel durcheinander – es ist sehr schwierig, das zu entwirren –, aber man hat kein Vertrauensproblem. Alle Familienmitglieder sind zugegen. Alle hören, was die anderen hören und was sie sagen.

Kreuzer: Was sind die typischen Anliegen, mit denen man in die Familientherapie kommt? Alle Neurosen querdurch, oder zeigen sich ganz bestimmte Probleme?

Toman: **Häufiger als etwa junge Paare kommen Eltern, die mit den Kindern nicht fertig werden. Eines der Kinder hat ein Problem, oder die Eltern selber haben einen Konflikt. Die Therapie besteht häufig darin, daß sowohl die Beziehung des Kindes zu den Eltern geklärt wird als auch die Beziehung der Eltern zueinander. Wenn es gelingt, die Familie zum Miteinander-Sitzen, Miteinander-Reden, Einander-Anhören und Einander-Ausreden-Lassen zu bringen, ist viel getan. Da regt sich zum Beispiel ein Vater sehr auf, daß der Junge bei den Schulaufgaben so müßig ist. Im Gespräch stellt sich heraus: Der Junge kriegt den Vater immer dazu, daß er ihm dann hilft, weil der Vater unbedingt will, daß der Junge eine gute Note nach Hause bringt. Da ist es vielleicht ein Einsichtsgewinn, wenn dem Vater klar wird: Ich muß mich mehr zurückhalten, das muß er allein machen. Wenn er durchfällt, macht es auch nichts.**

Kreuzer: Das heißt, von der Bedürfnisstruktur, von der Nachfrage her ist es jetzt eher die Familie, die sich ihrer Patientensituation bewußt wird und die als ganze in die Therapie kommt.

Toman: **Das gilt nicht für jene Personen, die als junge Erwachsene die Familie schon verlassen haben, auf der Suche nach einem Partner sind, vielleicht schon mit jemandem zusammenleben, vielleicht verheiratet sind – in dem Alter kann man Einzeltherapie gut gebrauchen. Aber junge Familien mit kleinen Kindern, mit denen sie nicht fertig werden – für die ist Familientherapie ange-**

zeigt. Auch die Einzeltherapie ist freilich Familientherapie in dem Sinne, daß der Betreffende mit seiner Familie zu Rande kommen muß.

Kreuzer: Das heißt also, daß der Familientherapeut natürlich auch den einzelnen Patienten mit seinen neurotischen Symptomen, die er anderswo auf freudianisch, adlerianisch, jungisch, franklisch oder sonstwie behandelt bekäme, nach den Gesichtspunkten der Familienkonstellation, der Familientherapie behandelt – sicher unter Berücksichtigung aller anderen Lehren und ärztlichen Künste und Instinkte.

Toman: **Alle Analytiker betreiben in gewissem Sinne Familientherapie, aber sorgfältig erhobene Daten helfen dabei. Diese Daten sind besonders nützlich, wenn man einschätzen will: An welcher Stelle steht der Patient am Beginn der Therapie? Wie umweltgeschädigt ist er? Wie schwer war sein Familienleben?**

Familientherapie – jeden Tag, in jedem Haus

Kreuzer: Noch eine Klarstellung zum Begriff der Familientherapie: Kann man nicht sagen, daß es hier einen fließenden Übergang zur Eigentherapie in einer gut funktionierenden und einsichtigen Familie gibt? Ich glaube, die relativ gut funktionierende Familie behandelt sich ja ununterbrochen selbst.

Toman: **Richtig. Therapie ist auch im Alltag zu Hause.**

Kreuzer: Die Aussprache, das Miteinander-Reden ...

Toman: **Miteinanderreden und seine eigenen Interessen zumindest vorübergehend zurückstellen können. Ein Vater muß sich zum Beispiel von seinem Sohn auch anhören können: Was möchte der denn nun wirklich, wenn er die Schule ablehnt? Was interessiert ihn denn? Jetzt laß ich ihn das machen, was er will, vielleicht kommt er selber drauf ...**

Arme Psychologenfamilie

Kreuzer: Mit einem Wort: Die funktionierende Familie, die nicht in die Therapie kommen muß, ist eine solche, deren Familienleben eine permanente Selbsttherapie ist. Oder man kann sagen: Ein gutes Familienleben macht Therapie nicht nur unnötig, sondern ist ununterbrochen in diesem Sinne Selbsttherapie, Eigentherapie.

Toman: **Nein, nicht ununterbrochen, das wäre ja nicht auszuhalten. Sie enthält immer wieder therapeutische Episoden. Eine der Krankheiten von Therapeuten ist – eine Berufskrankheit –, daß sie mit ihren eigenen Familien nicht immer fertig werden. Sie glauben, auch da als Therapeuten wirksam sein zu müssen. Das ist nicht gut, die Familie kann das nicht gebrauchen. Die Eltern sind auch Erzieher, müssen auch anordnen, haben Verantwortung, setzen sich manchmal auseinander, dürfen manchmal auch ihre eigenen Ansprüche geltend machen. Nicht nur die kindlichen Ansprüche gelten. So eine Einseitigkeit ist nicht therapeutisch. Wenn der Vater sagt: Wenn du so weitertust, kann ich dir den Schikurs nicht zahlen, das verdienst du nicht!, dann ist das eine Auseinandersetzung, die ausgetragen werden soll, vor allem, wenn die Eltern glauben, daß das Kind aus Mutwillen handelt, um Vater oder Mutter zu provozieren. In dem Fall ist sicherlich die beste Lösung: Setzen wir uns einmal zusammen, reden wir ohne Druck über alles. Das ist dann eine *therapeutische Episode.* Ich würde sagen: Ein gutes Familienleben ist von therapeutischen Episoden durchspickt oder durchwebt, aber sie hören auch wieder auf. Sie sind nicht das Leben selbst.**

Ödipus muß Ödipus sein

Kreuzer: Soviel über Familientherapie. Vielleicht abschließend zurück zur Problematik der wissenschaftlichen Richtungen der Psychoanalyse und damit der Psychotherapie aus der Sicht der Kritiker. Die Hauptkritik, wenn ich es richtig verstehe, an sämtlichen Richtungen der Psychoanalyse läßt sich im Vorwurf der „self-fulfilling prophecy" zusammenfassen: Das sei eine hochinteressante, insbesondere literarisch-kulturell interessante Denkrichtung, ein wissenschaftliches Denkspiel, aber doch irgendwie in sich geschlossen. Die Kritik führt, insbesondere in der

Adlerschen Richtung der Psychoanalyse, den Umstand an, daß jedes Phänomen durch sich selbst, aber auch durch das Gegenteil erklärbar ist: Bist du eine machthungrige Person, kannst du es deshalb sein, weil du dein Leben lang stark warst, also etwa in der Familienkonstellation, weil du immer schon oben warst – es kann aber auch der genau umgekehrte Grund sein: Weil du der Schwächere, der Behinderte, der Verkrüppelte oder in der Familienkonstellation der Jüngste, Unterdrückte warst, hast du überkompensiert. Also sagt die Kritik: Eine Lehre, die eine Folge aus zwei entgegengesetzten Voraussetzungen herleiten kann, ist unwiderlegbar, in diesem Sinn aber auch unwissenschaftlich.

Toman: **Da wird unzulässig vereinfacht. Der „Normalfall" ist ja kein Problem. Wer Macht ausübt und sie immer schon ausgeübt hat, hat keine seelischen Schwierigkeiten. Aber jemand, der mit dem Kopf durch die Wand geht vor Machthunger, der ist unser Patient.**

Kreuzer: Das heißt also: Der pathologische Machtmensch ist nicht der gewachsene Machtmensch, der immer schon stark war, sondern das ist immer jener, der überkompensiert hat.

Toman: **Es kann auch jemand sein, der immer überkompensiert hat und der nun gegenkompensiert. Nur eines hat er nicht: ein problemloses Verhältnis zur Macht. Er hat entweder ein sehr starkes Bedürfnis nach Macht, oder er fühlt sich völlig ohnmächtig. Aber er hat nicht die Nuancen dazwischen. Er kann die unterschiedlichen Machtausübungsmöglichkeiten in den verschiedenen Lebenssituationen nicht gut erkennen. Er schwankt zwischen zwei extremen Positionen hin und her, oder er hält starr an einer der beiden extremen Positionen fest. Er ist nicht je nach Bedarf flexibel. Der normale Mensch dagegen ist flexibel.**

Kreuzer: Ich wiederhole doch die Bitte um eine wissenschaftliche Antwort auf den kritischen Einwand. Der Ödipus der Freudschen Lehre ist ja in doppelter Weise bedeutsam: einerseits in der Urkonstellation Vatermord-Mutterheirat, andererseits aber als Träger der Vorhersage-Tragödie – Ödipus, dessen Leben durch die Prophezeiung, durch das Orakel bestimmt ist, kann dem Orakel nicht nur nicht entgehen, sondern, was immer er tut, er verwirklicht das Orakel. Lebt er so, wie das Orakel vorhersagt, verwirklicht er es; versucht er aber, das Gegenteil zu tun, versucht er, dem Orakel zu entgehen, vollzieht er das Orakel erst recht – „self-fulfilling prophecy" im Sinne der Verwirklichung des Orakels durch sich selbst. Ist die Psychoanalyse als ganze, ist die Annäherung des Psychotherapeuten an den Patienten eine solche, daß sich die Lehre, die Therapie selbst verwirklicht, daß die Fragestellung des Therapeuten die Antwort eigentlich schon enthält?

Toman: **Ich kenne Fälle, in denen das passiert ist; daß Therapien zum Teil gescheitert sind, weil der Therapeut nicht nachgeben wollte in seiner Auffassung und der Patient einer anderen Meinung war. Die eigentliche analytische Haltung gegenüber dem Patienten ist die weitestgehende Offenheit für das, was er vorbringt. Besteht Widerspruch, sieht der Therapeut etwas anderes als der Patient, hat der Patient recht. Es stimmt wohl, daß Therapeuten manchmal die Kernproblematik eines Patienten schon nach einigen Stunden erkennen können. Aber davon haben sie nichts, und davon hat der Patient noch nichts. Man muß erst langsam hinarbeiten, sozusagen bis der Patient auch bereit wird, das zu sehen, was der Therapeut sieht, und dann muß der Therapeut oft auch das noch revidieren. Ich glaube nicht, daß bei guten Therapeuten irgend etwas von einer solchen „self-fulfilling prophecy" eine Rolle spielt.**

Rehabilitierte Psychoanalyse – relativierte Experimentalforschung

Kreuzer: Wenn wir noch einmal in Ihre Jugend zurückgehen: Ihr Lehrer Rohracher hat die Psychoanalyse abgelehnt, weil sie eben in bezug auf die Psychologie, die sich im wesentlichen biologistisch sah, zuwenig greifbares Substrat, zuwenig Nachweisbares, nichts positiv Faßbares enthielt. Gibt es seither erkennbare Entwicklungen, etwa den Fortschritt der Genetik, den Fortschritt der Hirnphysiologie, den Fortschritt der Evolutionslehre, der Embryologie, der vergleichenden Verhaltensforschung und aller dieser Wissenschaften, die mehr und mehr über das kognitive

System des Menschen aussagen, daß die Inhalte der psychoanalytischen Lehre und damit der Psychotherapie rehabilitiert, bestätigt, besser fundiert werden?

Toman: **Ich glaube nicht, daß es diese anderen Wissenschaften sind, die die Psychoanalyse zu ihrer Fundierung braucht, obwohl hier sicherlich Querverbindungen zu finden sind. Man kennt jetzt etwa bei psychosomatischen Krankheiten die Ursache-Wirkung-Zusammenhänge genauer, obwohl es komplexe Zusammenhänge sind. Von Psychoanalytikern ist zum Beispiel zum Teil übersehen worden, daß jemand, der eine psychosomatische Erkrankung wie eine chronische Colitis oder eine chroniche Gastritis hat, raucht und Alkohol trinkt, um seine Unzufriedenheit zu mildern. Es gibt also Mittelglieder, die hier eingeschaltet sind, in diesem Falle der Genußgiftabusus. Insofern finden die Wissenschaften zusammen, aber nicht in der Form, daß ein genetisches Modell einen direkten Einfluß auf ein psychoanalytisches Modell nehmen wird ...**

Kreuzer: Eher ein hirnphysiologisches ...

Toman: **Ja. Aber die Hirnphysiologie wird wahrscheinlich auch nicht unmittelbar wirksam sein. Auch in der Hirnphysiologie gibt es ein bißchen Metaphysik des Gehirns. Man sagt: Aha, weil er ein Thalamus-Mensch und kein Kortex-Mensch ist, ist er so. Aber kein Mensch weiß genau, was das heißt, wenn der Thalamus überwiegt. Wie kann ich das histologisch oder funktionell erkennen?**

Kreuzer: Da ist auch die Hemisphärenforschung. Kann die Theorie von „Links" und „Rechts" gerade in bezug auf das „Ich" und das „Es" einiges beisteuern?

Toman: **Ja, aber es wird noch eine Weile dauern. Sicher ist, daß für den Psychoanalytiker diese Kenntnisse fruchtbar sind, sozusagen als zusätzliche Gabe, aber er muß sich im Prinzip in seiner eigenen Terminologie zurechtfinden und mit seinen eigenen Phänomenen fertig werden. Da wird ihm die Hirnforschung gewiß helfen, aber es wird eher nicht die Hirnphysiologie, sondern die Hirnpathologie sein. Und die Pathologie ist eine Disziplin, in der es nicht so schön zugeht wie in der theoretischen Physik. In der Pathologie gibt es Tausende von Typen von Krankheiten mit Tausenden von Einflüssen, die als**

Querverbindungen von Krankheitszuständen oder Teilsystembedingungen aufzufassen sind. Da wird also eher etwas zu finden sein. Ich würde meinen: Die Arbeit, die bevorsteht, ist viel größer, als geniale Konzepte und einfache Formulierungen erwarten lassen.

Kreuzer: Wenn ich also abschließend fragen darf: Glauben Sie, daß, bedürfte es — was geschichtlich nicht mehr der Fall ist — einer Rehabilitierung der Psychoanalyse, sich diese Rehabilitierung weniger aus der Durchdringung der Psychoanalyse mit exakten Wissenschaften von der Biologie bis zur Physik ergibt, sondern eher aus der zunehmenden Erkenntnis, daß auch die sogenannten exakten Wissenschaften von der Biologie bis zur Physik letztlich gewisse Grundvoraussetzungen haben, die nicht sehr viel anders sind als jene der Psychoanalyse?

Toman: **Die nicht viel anders sind als jene der Psychoanalyse, ja. Aber ich meine doch, die Psychoanalyse muß sich ein bißchen in der Methodik straffen, das ist immer noch erforderlich. Sie muß ein bißchen mehr dokumentieren, sie muß die realen Beziehungen prüfen. Ich möchte als Beispiel für das, was ich meine, eine Pionierleistung anführen: In London wurde 1951 von Bowlby dokumentiert, daß die Trennung der Kinder von den Eltern in der Zeit des Zweiten Weltkrieges, als die Kinder von London und anderen Städten in England aufs Land geschickt wurden, jene traumatischen Wirkungen hatte, die sich – nach Freud – in erhöhter neurotischer, in erhöhter krimineller Neigung, in erhöhter Tendenz zur Rauschgiftsucht auswirken würden. Das ist etwas Lapidares. Das würde die Theorie voraussagen. Und das ist sorgfältig belegt worden. So muß man das machen.**

Kreuzer: Man kann also nicht nur die exakten Wissenschaften relativieren, man kann auch die Psychoanalyse exakter machen, in höherem Maße zur exakten Wissenschaft machen.

Toman: **Man kann vielleicht für die Naturwissenschaften sagen: Vor etwa zweihundert Jahren ist die Mathematik in die Naturwissenschaften eingezogen und hat zu einer explosiven Entwicklung der Naturwissenschaften geführt. In die Sozialwissenschaften zieht die Mathematik** eigentlich erst seit vierzig, fünfzig Jahren ein. Die Psychoanalyse ist in dem Sinne eine Sozialwissenschaft, zumindest *auch* eine Sozialwissenschaft. Methodische Verfahren, Datenzusammenhänge, quantifizierte Wirkungszusammenhänge müssen ernsthaft angewendet und untersucht werden.

Kreuzer: Also Mathematisierung als Weg zur Verwissenschaftlichung im Sinne der exakten Wissenschaften.

Toman: Richtig. Aber nicht, um die Patienten zu belasten. Das ist die Sache des wissenschaftlichen Beobachters. Die Psychoanalyse selber, die Therapie, geht im Idiom des Patienten vor sich. Da gibt es überhaupt keine Fachausdrücke und keinesfalls Mathematik.

Kreuzer: Also die Formel ist für den beobachtenden Forscher nicht mehr, als was das Messer für den Chirurgen ist. Die Hand ist es, die das Messer führt.

Toman: So kann man es sagen.

Kreuzer: Ich danke Ihnen, Herr Professor.

Warum? – Warum nicht?

Franz KREUZER
im Gespräch mit
Ernest DICHTER
Peter R. HOFSTÄTTER

Format: 13 × 20,5 cm
Ca. 96 Seiten
Kartoniert
ISBN 3-7005-4496-0

Unter den Schülern des großen österreichischen Soziologen Paul F. Lazarsfeld (*Die Arbeitslosen von Marienthal* – in Erinnerung gerufen durch Franz Kreuzers Gespräch mit dessen damaliger Frau und Mitarbeiterin Marie Jahoda: *Des Menschen hohe Braut*) war Ernest Dichter der geschickteste und erfolgreichste. Er verhielt sich zu den großen Theoretikern der Wiener Psychologischen Schule wie Edison zu Galvani: Er feierte Triumphe der praktischen Anwendung. Dichter prägte das Wort „Image", entdeckte die Motive in Wirtschaft und Politik, wurde zum Tausendsassa der Motivlenkung und zum Kritikobjekt des Bestsellers *Die heimlichen Verführer.* Über die Motivforschung hinaus entwickelte Dichter verblüffend einfache Modelle der Innovationstheorie: Wichtiger als die Frage *„Warum?"* ist für ihn die Frage *„Warum nicht?".* Wenn man mit dieser einfachen Rezeptur umzugehen versteht, kommt man etwa darauf, daß eine doppelte Rasierklinge besser ist als die einfache – in der Praxis ist das der Gegenwert eines Patents in der Milliarden-Dollar-Größenordnung.

Die Relativität psychologischer Systeme und die Entscheidungsverantwortung, die sich daraus ergibt, sind zwei der großen Themen, mit denen sich der derzeit in Hamburg lehrende österreichische Sozialpsychologe Peter R. Hofstätter auseinandersetzt. Hofstätter ist, wie Ernest Dichter, Paul F. Lazarsfeld und Marie Jahoda, Schüler des Wiener Psychologen-Ehepaares Bühler; auch die Herleitung der aktuellen philosophischen Schulen aus dem Wiener Bereich ergänzt die Darstellung Ernest Dichters.